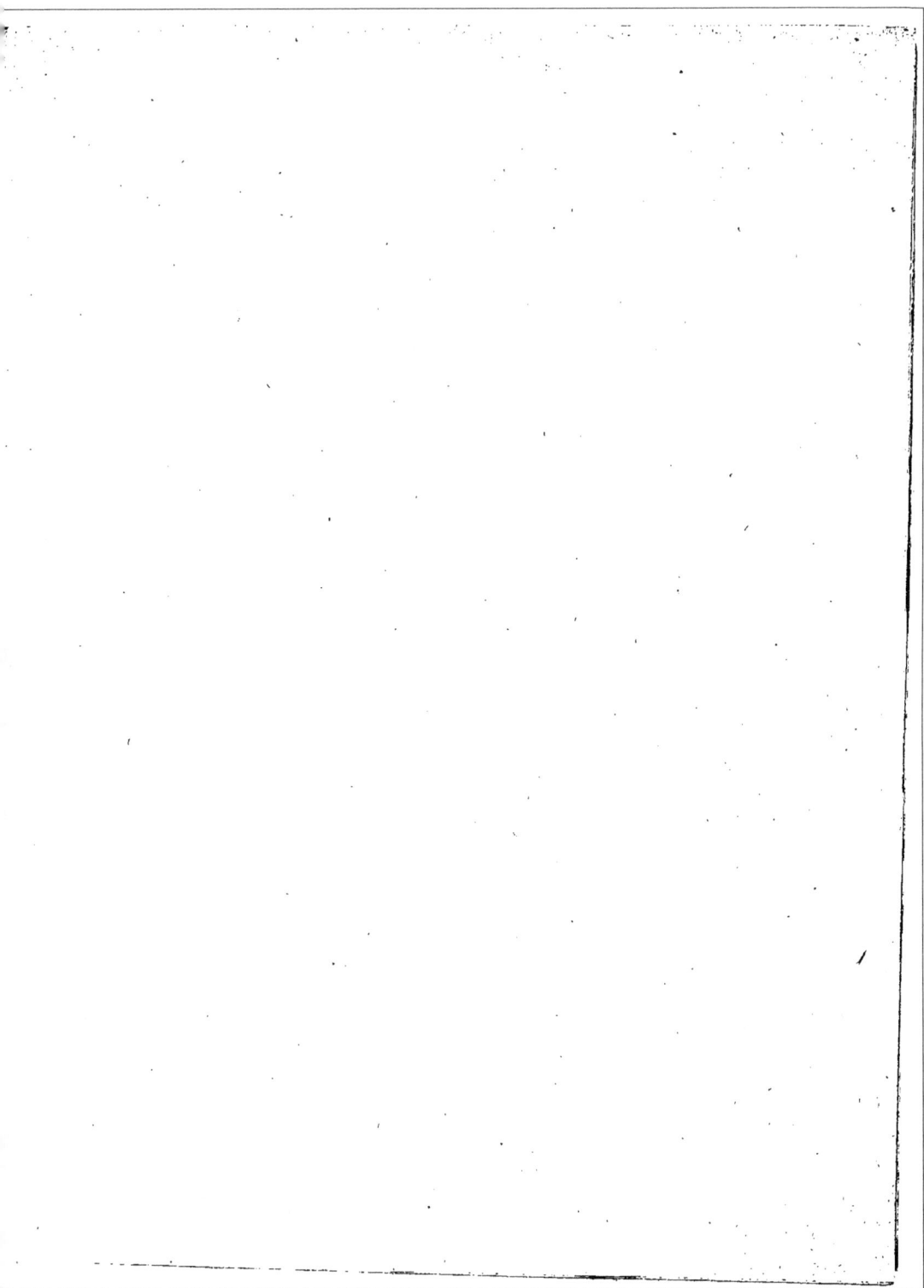

14

L.K 165.

RÉGLEMENT

DES

ÉTATS,

POUR

L'ADMINISTRATION

DES

TRAVAUX PUBLICS.

Ce réglement a été délibéré par l'assemblée des états généraux du pays et comté de provence convoquée à aix le 30 Xbre 1787. voy. ci-devant le procès-verbal de cette assemblée page 210.

A AIX,

De l'Imprimerie de B. GIBELIN-DAVID, & T. EMERIC-DAVID,
Avocats, Imprimeurs du Roi & des États de Provence.

M. DCC. LXXXVIII.

RÉGLEMENT DES ÉTATS,

Pour l'Administration des Travaux publics.

LIVRE PREMIER.

DE L'ADMINISTRATION.

TITRE PREMIER.

Des Procureurs du Pays nés & joints.

ARTICLE PREMIER.

IL fera délibéré dans une Affemblée des Procureurs du Pays nés & joints, qui fera tenue après la clôture des États, fur l'exécution des ouvrages qui auront été délibérés par les États ; dans une autre qui fera tenue au mois de

Juin, fur l'état de tous les ouvrages exécutés ou commencés : dans une troifieme qui fera tenue avant l'ouverture des Etats, fur l'état de tous les ouvrages exécutés ou commencés, & fur tous ceux qui doivent être propofés à la prochaine Affemblée des Etats.

ART. II.

Toutes demandes pour conftruction d'un nouvel ouvrage, feront adreffées aux Procureurs du Pays nés & joints, pour qu'il foit fait rapport à l'Affemblée des Etats du degré d'utilité ou de néceffité du nouvel ouvrage.

ART. III.

Les Procureurs du Pays remettront à la Commiffion des travaux publics, dans l'Affemblée des Etats, les Mémoires détaillés fur la néceffité, où l'utilité du nouvel ouvrage.

ART. IV.

S'il y a lieu de délibérer, l'Affemblée des Etats délibérera que les Mémoires, plans & devis feront rédigés & rapportés enfuite à l'Affemblée prochaine des Etats.

ART. V.

Les Procureurs du Pays, remettront à la Commiffion des travaux publics, dans l'Affemblée des Etats, les plans d'emplacement, & de conftruction des ouvrages dont l'Affemblée précédente des Etats aura reconnu l'utilité, ou la néceffité, & ordonné les plans & devis; ils y joindront l'eftimation précife de la totalité de la dépenfe pour la totalité de l'ouvrage conduit jufqu'à perfection, & une inftruction détaillée fur la durée de la conftruction totale, fur les époques de travail, de dépenfe, & de payement pour chacune de ces fubdivifions.

ART. VI.

Les Procureurs du Pays, en propofant aux Etats un nouvel ouvrage à faire, donneront l'état de tous les travaux délibérés, & dont la dépenfe n'eft pas foldée, foit à commencer, commencés, ou finis; & cet état préfentera les époques de payement de chacun des travaux comparés aux rentrées des fonds qui leur ont été deftinés; ce qu'étant confidéré par l'Affemblée, après qu'elle aura examiné tout ce qui eft relatif au projet, elle délibérera définitivement.

ART. VII.

L'Affemblée des Etats ayant délibéré la conftruction d'un ouvrage déterminé, les difpofitions le concernant, & fixé la fomme totale des dépenfes, les Procureurs du Pays remettront à l'Affemblée des Procureurs du Pays nés & joints, les Délibérations des Etats, & le détail de toutes les difpofitions à prendre pour leur exécution.

ART. VIII.

Tout ce qui concerne les conftructions, réparations, entretiens, & la confervation des travaux publics ne pourra être mis à exécution, fans une Délibération préalable des Affemblées des Procureurs du Pays nés & joints.

ART. IX.

Seront repréfentés dans ces Affemblées tous les mandats faits, les indications des mandats à faire pour tout ce qui concerne les ouvrages publics pendant l'intervalle defdites Affemblées.

Art. X.

Nul mandat ne pourra être donné pour une affaire urgente ; que dans une Affemblée des Procureurs du Pays joints qui fe trouveront à Aix.

Art. XI.

L'emploi des fonds fuivant les deftinations prefcrites ; les payemens des Entrepreneurs feront réglés de la même maniere.

Art. XII.

Ne pourront les Procureurs du Pays , fans appeller les Procureurs du Pays joints , féans à Aix, régler les droits des Vigueries , des Communautés , & des Particuliers dont les conteftations feront relatives à l'emplacement & aux dé-penfes des chemins de Viguerie , ou de Communauté , les recours d'eftimation formés pour le payement des empla-cemens , démolitions , matériaux , & dommages dépendans des travaux publics , & les juger définitivement ; diriger le fervice des Ingénieurs , & des autres perfonnes employées dans les travaux des Etats ; ordonner toutes réparations hors d'une néceffité urgente & imprévue ; & réprimer toutes les œuvres & entreprifes nuifibles à la confervation & liberté des routes , & à la fûreté des autres ouvrages publics , en contraignant conformément au Réglement.

TITRE II.

Des Ingénieurs du Pays.

ARTICLE PREMIER.

IL y aura cinq Départemens dans la Province, tels qu'ils ont été établis en 1783 ; Aix, Orgon, Digne, Brignolle & Draguignan.

ART. II.

L'Ingénieur en Chef fera chargé du Département d'Aix, en conformité du Réglement fait en 1783 , & ratifié par l'Affemblée générale de 1784; & de la tenue des regiftres concernant les ponts & chemins : ils feront dépofés au Bureau des travaux publics de la Province, fans qu'ils puiffent être déplacés , ainfi que les plans, devis , tant de conftruction que d'entretien , & tous actes, baux & tranfactions concernant les travaux publics, lefquels feront fignés de lui, & des Procureurs du Pays ; & l'un des Commis au Greffe fera chargé fpécialement & uniquement de tous les dépôts en plans, devis, mémoires, & autres actes quelconques, & de toutes écritures relatives aux travaux publics.

ART. III.

Ne feront employés aucuns Piqueurs, Contrôleurs , Vifiteurs , fur les travaux publics, que dans le cas où l'Affemblée des Procureurs du Pays nés & joints le jugera néceffaire pour un ouvrage dont la vérification définitive feroit fufceptible de doutes & de difficultés, tels que les fondations d'un pont, mur , digues , & autres ; & dans ce cas il ne pourra être choifi que des gens capables de bien remplir les commiffions dont ils feront chargés.

TITRE III.

Des fonctions de l'Ingénieur en Chef.

ARTICLE PREMIER.

ENfuite des arrêtés du Bureau pour les affaires courantes, l'Ingénieur en Chef expédiera la correspondance, les avis au Greffe pour les paiemens, les Ordonnances des Procureurs du Pays; fera faire le double des plans néceffaires aux Entrepreneurs, pour le tout être figné par les Procureurs du Pays, & enfuite enrégiftré.

ART II.

Il enrégiftrera les réfultats des procès-verbaux de réception ou de refus pour les conftructions & entretiens, les procès-verbaux de tournée & de contraventions; il les préfentera à l'Adminiftration, infcrira fans délai & à mi-marge l'arrêté du Bureau, & expédiera les Ordonnances en conféquence.

ART. III.

A l'époque de chaque Affemblée particuliere de MM. les Procureurs du Pays nés & joints, l'Ingénieur en Chef remettra aux Procureurs du Pays l'état de fituation de tous les travaux finis ou commencés en vertu des Ordonnances rendues, comparé avec les fonds deftinés, échus & à écheoir, l'état des paiemens pour les dépenfes de refactions preffantes ordonnées ou à ordonner; & à la fin de chaque année, il remettra le compte général & le tableau de fituation des ouvrages des cinq Départemens.

ART. IV.

ART. IV.

Les plans, dépendans des projets des nouvelles entreprifes déterminées dans tous les départemens, ainfi que les devis eftimatifs de ces entreprifes, feront rapportés à l'Adminif-tration par l'Ingénieur en Chef qui les aura préalablement examinés, & qui donnera fon avis par écrit contradictoire-ment avec l'Ingénieur du Département.

ART. V.

L'examen des entretiens fera fait de la même maniere.

ART. VI.

Six femaines avant l'ouverture des encheres pour une ad-judication, l'Ingénieur en Chef enverra au Chef lieu le plus voifin de l'entreprife, & dans les lieux principaux, les dou-bles des plans & les devis des entreprifes à conftruire; il y joindra des affiches qui annonceront l'ouvrage à faire, le montant de la dépenfe, & l'époque de l'adjudication; ces affiches feront vifées par MM. les Procureurs du Pays.

Il juftifiera dudit envoi par un certificat des Confuls de chaque Communauté auxquels ces pieces auront été adreffées.

ART. VII.

L'Ingénieur en Chef fera annuellement une tournée gé-nérale, pour connoître l'état de tous les travaux en conf-truction dans chaque département; il en dreffera procès-verbal qui fera remis à l'Adminiftration, & ne pourra rien ajouter à l'exécution des ouvrages telle qu'elle aura été or-donnée par l'Adminiftration, & ftipulée par les baux d'en-treprife.

B

ART. VIII.

Toutes lettres & mémoires, concernant les travaux publics qui feront adreffés à l'Adminiftration, feront remis par elle à l'Ingénieur en Chef, qui lui en fera le rapport au plus tard dans huit jours.

TITRE IV.

Des fonctions des Ingénieurs des Départemens.

ARTICLE PREMIER.

LEs Ingénieurs des Départemens, domiciliés chacun dans le lieu du Département où le plus de routes fe réuniffent, ne pourront s'abfenter de l'étendue du Département, fans un congé de l'Adminiftration.

ART. II.

Ils feront fpécialement occupés de conferver en bon état tous les ouvrages publics, chacun dans leur Département, en furveillant les ouvrages d'entretien, & verbalifant fans délai fur toutes les œuvres & entreprifes qui peuvent caufer des dégradations aux ouvrages publics.

ART. III.

Les Ingénieurs des Départemens feront annuellement deux tournées d'infpection; ils vifiteront tous les chemins & travaux publics en conftruction & en entretien.

ART. IV.

Les projets d'une entreprise admis; l'exécution des ouvrages ne concernera que l'Ingénieur du Département, & ledit Ingénieur ne pourra rien ajouter à l'exécution des ouvrages telle qu'elle aura été ordonnée par l'Administration, & stipulée par les baux d'entreprise; & dans le cas qu'il survînt quelque événement imprévu qui exigeât des changemens, ils ne pourront être faits qu'ensuite des ordres par écrit de MM. les Procureurs du Pays.

ART. V.

L'Ingénieur du Département certifiera, au bas des plans qui seront adressés à l'Administration, quant aux ouvrages à exécuter, que le tracé a été fait sur le local, conformément auxdits plans, coupes & détails qui seront numérotés & signés par lui.

ART. VI.

Ils régleront les époques de leurs tournées, de manière qu'ils puissent envoyer à l'Administration & à l'Ingénieur en Chef, l'état des travaux de leurs Départemens, dans les mois de Janvier, Mai & Septembre,

ART. VII.

Ils rendront compte de leurs tournées par deux tableaux de situation, l'un pour les constructions, l'autre pour les entretiens, adressés à l'Administration, y joignant les procès-verbaux des contraventions commises par les particuliers, au préjudice de la conservation des ouvrages ou de la liberté des routes.

ART. VIII.

Le tableau de fituation pour les conftructions, décrira chaque entreprife en particulier, en indiquant le nom de l'adjudicataire, l'époque & le prix de l'adjudication, les progrès du travail, fon état actuel, l'évaluation des ouvrages faits à chaque époque, établiffant le prix conformément à l'adjudication; enfin les remarques fur la défectuofité ou la bonté des matériaux, & du travail de l'Entrepreneur.

ART. IX.

Le tableau de fituation pour les entretiens renfermera, pour chaque route, l'état du chemin comparé aux obligations de l'Entrepreneur, & la defcription détaillée, de cent en cent toifes, des empierremens, engravemens, banquettes, foffés, talus & aut.es parties; plus les ouvrages d'art, tels que pavés, gondoles, murs, parapets, ponceaux, ponts, & tous autres, feront féparement indiqués, & leur état décrit en détail; fpécifiant pour chacun, s'il y a lieu, les réparations néceffaires & l'eftimation de la dépenfe; diftinguant ce qui eft à la charge de l'Entrepreneur, d'avec ce qui eft à la charge du Pays.

ART. X.

L'état des rues fervant au paffage des routes, leur bon ou mauvais entretien feront fpécifiés en détail, ainfi que les réparations & réfactions néceffaires, auxquelles fera jointe l'eftimation de la dépenfe, qui eft à la charge de la Communauté.

ART. XI.

Lorfqu'un événement imprévu détruira quelque ouvrage

dépendant d'une route , ou interceptera le paſſage ſur un chemin , l'Ingénieur du Département viendra ſans délai ſur les lieux , & fera procéder ſur le champ aux réparations néceſſaires , leſquelles n'excéderont pas une ſomme de cent livres ; il en donnera avis à l'Adminiſtration , & dreſſera un procès-verbal viſé des Conſuls du lieu , & de deux Notables.

ART. XII.

Dans ce cas ſeulement , les Ingénieurs des Départemens ſeront autoriſés à demander aux Communautés , les ſecours & les Travailleurs néceſſaires , ce qui ne pourra être refuſé ni différé par les Conſuls ; les Communautés feront les avances de la dépenſe , dont le montant leur ſera rembourſé par le Pays , ſur l'état qui en ſera tenu , & viſé par l'Ingénieur du Département.

ART. XIII.

Indépendamment des tournées d'inſpection pour la viſite des travaux en conſtructions , ils vérifieront l'établiſſement des conſtructions difficultueuſes ou cachées , & l'achevement de tous les ouvrages d'art , en maçonnerie ou charpenterie , & auſſi des empierremens & engravemens ; dreſſeront procès-verbaux de ces vérifications qu'ils adreſſeront à l'Adminiſtration , après en avoir donné copie à l'Entrepreneur.

TITRE V.

Des fonctions du ſous - Ingénieur.

ARTICLE PREMIER.

IL y aura un ſous-Ingénieur du Pays , lequel ſera deſſinateur , qui ſervira indiſtinctement dans toute l'étendue de la Province , ſuivant les ordres qu'il recevra de l'Adminiſtration.

ART. II.

Il fuppléera les Ingénieurs des Départemens ou les fe-
condera dans leurs fonctions, ainfi qu'il en fera chargé par
l'Adminiftration.

ART. III.

Il fera employé particuliérement à faire les cartes & plans
néceffaires à l'Adminiftration des Etats ; il travaillera, enfuite
des ordres qui lui feront donnés par les Procureurs du Pays,
fous la direction & infpection de l'Ingénieur en Chef; il ré-
fidera à Aix pour la rédaction des plans & cartes, depuis
le 15 Novembre jufqu'au 15 Mars.

TITRE VI.

Des Chemins de Péages & de Bacs.

ARTICLE PREMIER.

L'Adminiftration pourfuivra l'exécution de toutes les Ordonnances rendues & à rendre, concernant l'ordre,
l'entretien, & le bon état des chemins dont les propriétaires
perçoivent des droits de péage.

ART. II.

Les Ingénieurs, dans leurs tournées d'infpection fur les
routes, vifiteront ces chemins comme ceux du Pays, & en
rendront compte de la même maniere ; ce qui fera fait en
addition aux mémoires defcriptifs & procès-verbaux de tournées, pour y être avifé par l'Adminiftration.

A r t. I I I.

Ils adresseront à l'Administration les procès-verbaux de toutes les contraventions qui nuisent ou peuvent nuire à la conservation des travaux publics , & à la conservation des routes ; énonceront l'endroit du dommage ou de l'embarras ; désigneront les contrevenans par leurs noms & surnoms seulement , indiqueront leur résidence ; & porteront l'évaluation de la dépense nécessaire pour rétablir les lieux en l'état d'ouvrage neuf.

LIVRE II.

Des fonds deſtinés à la conſtruction & à l'entretien des Travaux publics.

TITRE PREMIER.

Diſtinction des fonds.

ARTICLE PREMIER.

LEs fonds deſtinés aux travaux publics feront féparément diſtingués ; l'Aſſemblée feule des Etats déterminera leur deſtination particuliere , & pourra feule changer cette deſtination, fi les circonſtances l'exigent.

TITRE II.

Fonds pour la conſtruction des ouvrages inopinés.

ARTICLE PREMIER.

LEs conſtructions & réparations imprévues, qui feront de néceſſité indifpenfable pour aſſurer le paſſage fur une route déja établie, feront faites des fonds particuliérement impofés pour les cas inopinés.

LIVRE III.

LIVRE III.

De la conftruction des nouveaux ouvrages.

TITRE PREMIER.

Des Mémoires inftructifs, projets, plans, devis, & eftimation.

ARTICLE PREMIER.

TOute demande faite à l'Adminiftration pour un nouvel ouvrage public, fera rapportée à une Affemblée des Procureurs du Pays nés & joints, l'Ingénieur en Chef préfent pour fournir toutes les inftructions néceffaires fur la localité & fur le genre de conftruction du nouvel ouvrage.

ART. II.

L'examen étant ordonné par l'Adminiftration, Mrs. les Confuls de la Communauté, dans le terroir de laquelle l'entreprife fera faite, feront avertis par affiches quinze jours avant celui que l'Ingénieur ira fur les lieux, pour déterminer fon projet, à l'effet de donner avis de fes opérations à tous les propriétaires intéreffés, & que ledit Ingénieur puiffe avoir connoiffance de toutes les obfervations qui lui feront faites.

En cas de difcuffion, l'Ingénieur dreffera un procès-verbal où feront rapportées toutes les oppofitions, pour le tout être référé à l'Adminiftration.

C

S'il n'eſt fait aucune obſervation ſur le projet , l'Ingénieur en juſtifiera par un certificat des Conſuls.

L'Ingénieur levera les plans & niveaux de tous les emplacemens poſſibles , pour la totalité de l'ouvrage demandé. Il joindra à ces plans un mémoire inſtructif ſur la nature de l'emplacement , ſur les reſſources locales , & ſur l'apperçu de la dépenſe pour chacun des emplacemens.

A toutes ces pieces, l'Ingénieur joindra ſon avis par écrit ; le tout ſera adreſſé à l'Adminiſtration, qui préparera le rapport qu'elle fera enſuite à l'Aſſemblée des Procureurs du Pays nés & joints , & à l'Aſſemblée des Etats.

A r t. I I I.

Le rapport fait à l'Aſſemblée des Etats de la totalité du projet , & délibération par elle priſe de faire lever les plans & dreſſer les devis de conſtruction , l'Adminiſtration pourvoira à l'exécution de ladite délibération.

A r t. I V.

Le plan général du projet , & ſon profil en long, feront ſéparés des autres pieces; le détail des ouvrages de terraſſement ſera exprimé particuliérement en plan & en profil marqués de numéros de vingt en vingt toiſes , & plus fréquemment ſi les inflexions du terrein l'exigent pour chacun des numéros. Il ſera fait un profil en travers ſur lequel feront figurés à côté les murs , les remblais, & déblais à faire, la diſtance des matériaux, la nature des matieres à déblayer, la longueur & la maniere du charroi , ainſi que l'emploi de ces matieres ; à quoi feront joints les prix d'eſtimation pour ces détails partiels : à toutes ces pieces feront joints les deſſeins & figures en grand de tous les ouvrages d'art, leſquels auront toutes leurs parties cottées , & leurs diverſes dimenſions.

ART. V.

Les entreprises seront divisées, autant qu'il sera possible, & chaque devis n'excédera pas la longueur de quinze à seize cent toises.

ART. VI.

Les rues servant de passage aux routes auront leur plan particulier & profil levé sur une échelle d'une ligne pour pied; les lignes des coupemens y seront cottées par leur distance de tous les points saillans & rentrans aux façades existantes.

ART. VII.

Au mémoire indicatif & estimatif sera joint le devis de la construction totale, où seront déterminées les dimensions, les formes, la disposition, & les façons des ouvrages de terrassement & des ouvrages d'art, & pour ceux-ci seront déterminés les matériaux & la maniere de construire. Ce devis sera rédigé en articles distincts de déblais, remblais, glacis, accottemens, fossés, banquettes, empierremens, pavés, murs, gondoles, ponceaux, ponts, fouilles pour fondations, ouvrages de fondations, & détails de construction accessoire & dépendances; enfin chaque détail d'ouvrages sera compris dans un article particulier, ainsi que l'évaluation particuliere; & toutes les obligations quelconques de l'Entrepreneur y seront détaillées telles qu'elles sont établies par les anciens Réglemens.

ART. VIII.

Le devis, le mémoire de l'estimation, toutes les feuilles de plans & de profils & du dessin, signées par l'Ingénieur du département qui aura rédigé le tout, seront remises par l'Adminiſtration à l'Ingénieur en Chef qui lui en rendra compte.

Art. IX.

Si l'état des travaux exige une vérification locale, les Procureurs du Pays allant ſur les lieux, feront, avec l'Ingénieur en Chef & avec l'Ingénieur du Département, l'examen qui aura été délibéré, les Conſuls & deux Notables appellés; le procès-verbal de vérification fera rapporté au Greffe pour être communiqué à l'Aſſemblée des Procureurs du Pays nés & joints, laquelle ſtatuera définitivement ſur la préſentation à faire du projet à la prochaine Aſſemblée générale.

Art. X.

L'Aſſemblée des Etats, ayant admis la totalité ou partie du projet, & ordonné la dépenſe totale énoncée par le devis & eſtimation, ou ſeulement partie de cette dépenſe, ayant auſſi fixé les époques & la durée du travail & des paiemens, la premiere Aſſemblée des Procureurs du Pays nés & joints réglera les diſpoſitions à faire en conſéquence pour l'adjudication & pour l'exécution deſdits ouvrages.

Art. XI.

Avant que les annonces publiques de la conſtruction ſoient affichées, l'Ingénieur en Chef aviſera l'Ingénieur du Département de tracer ſur le terrein l'entrepriſe à mettre aux encheres, ce qui ſera effectué par les lignes de direction, tant du ſol du chemin, que de l'extérieur des chauſſées & des déblais; & en outre ſeront placés des piquets à chacun des numéros marqués ſur les plans & profils, & rapportés dans le mémoire d'eſtimation: enſuite de quoi l'Ingénieur du Département pourvoira à ce que l'arpentement & eſtimation de remplacement des ouvrages ſoient faits ſans délai.

TITRE II.

Des Encheres, des Baux d'entreprises & des adjudications.

ARTICLE PREMIER.

LEs encheres pour l'entreprise d'un ouvrage seront au rabais des prix de détail portés par le mémoire d'estimation, & non de la somme totale prise en bloc.

ART. II.

Les encheres du bail d'entreprise seront ouvertes au Bureau de l'Administration, pour y être continuées de huitaine en huitaine, avec publication des rabais, & ce, pendant trois huitaines consécutives : à la derniere enchere, le bail sera adjugé à celui qui aura fait la condition meilleure.

ART. III.

Les offres des encheres pourront être reçues par les Consuls des lieux, concurremment avec celles faites au Bureau de la Province ; dans le premier cas, lesdits Consuls les enverront à l'Administration, duement signées par les offrans & leur caution, & l'adjudication pourra leur être passée si leur offre est la plus avantageuse au Pays.

ART. IV.

Dès l'ouverture de la premiere enchere pour l'adjudication d'un bail d'entreprise, tous les dessins, plans, profils, mémoires estimatifs & devis de cette entreprise signés par les Procureurs du Pays & par l'Ingénieur en Chef feront communiqués aux Entrepreneurs qui fe préfenteront pour en avoir connoiſſance, & auxquels il fera libre de prendre note & extrait du mémoire eſtimatif & du devis de conſtruction & des plans.

ART. V.

Chaque Entrepreneur fera la déclaration des entrepriſes dont il eſt chargé, ainſi que des cautionnemens; & à défaut de déclaration, l'Adminiſtration fera libre de réſilier le bail, ſans que l'Entrepreneur puiſſe demander aucune indemnité quelconque.

ART. VI.

Les procès-verbaux de toutes les encheres porteront les difpoſitions fuivantes : » A l'ouverture de chacune des trois
» encheres, publiées au rabais fur le prix de détail pour
» l'adjudication du bail d'entrepriſe des ouvrages, les con-
» currens ici préfens, ont déclaré avoir examiné en détail
» tous les articles de conſtruction & de dépenfes à faire
» pour la conſtruction, l'entier achévement, & la perfection
» defdits ouvrages dont ils reconnoiſſent toutes les parties
» bien & fuffifamment eſtimées ; en conféquence chacun d'eux
» fe foumet, l'adjudication lui demeurant, à ne prétendre
» aucune augmentation fur les prix de détail & fur le prix
» total, tels qu'ils font réduits par fa derniere offre, ni
» fur la quantité & nature d'ouvrages ſtipulées au mémoire
» d'eſtimation, & au devis repréſenté par les plans & pro-
» fils annexés, toutes les pieces ſignées de MM. les Pro-
» cureurs du Pays : fur ce, chacun d'eux déclare que le
» tout a été par lui reconnu fur le terrein être exé-
» cutable aux formes, façons & quantités déterminées
» par les deſſins, eſtimations & devis, & de plus pouvoir

» être réduit au prix qu'il y mettra par fa derniere offre :
» fe foumettant 1°. d'avoir fini & perfectionné tous les ou-
» vrages à l'époque fixée par l'annonce affichée dont il a
» eu connoiffance; 2°. à n'être payé d'aucuns à-comptes,
» qu'aux époques fixées par ladite annonce pour les paie-
» mens partiels, & dans le cas feulement où il y pourra
» prétendre en vertu d'un procès-verbal approbatif des ou-
» vrages faits; 3°. de laiffer pour fûreté de fes engagemens,
» le dixieme des fommes échues à chaque époque, ce dixieme
» devant fervir de fûreté au Pays, & demeurer dans la
» caiffe des Etats jufques à réception d'ouvrages définitive,
» qui n'aura lieu que cinq ans après l'achevement abfolu
» des ouvrages; 4°. d'entretenir & maintenir en état de
» neuf tous les ouvrages qui feront par lui faits, & ce aux
» formes, maniere & conditions ftipulées par le devis d'en-
» tretien annexé au devis de conftruction, fans pouvoir
» prétendre aucun paiement à raifon dudit entretien; 5°. de
» demeurer garant lui & fa caution, de la bonté & folidité
» des ouvrages & conftruction, felon les foumiffions, & de
» la maniere prefcrite par le Réglement général des tra-
» vaux publics, auquel font contenus tous les articles qui
» concernent fon entreprife, & les diverfes obligations
» auxquelles il fe foumet, les connoiffant & les admettant
» dans fon engagement. »

ART. VII.

L'entreprife étant adjugée, l'Entrepreneur fignera toutes les pieces qui établiffent fon engagement; elles feront an-nexées au bail, & dépofées au Greffe des Etats, & copie collationnée du tout fera remife à l'Adjudicataire.

TITRE III.

De la Construction.

ARTICLE PREMIER.

AVant que les travaux d'une nouvelle entreprise soient commencés, l'Ingénieur du Département se rendra sur les lieux, muni des plans, profils & desfins de construction des ouvrages, pour le tout être reconnu sur le terrein avec l'Entrepreneur qui disposera ses atteliers en conséquence, & pourvoira à la fourniture des matériaux pour les ouvrages d'art qui lui feront alors tracés en grand.

ART. II.

Dans le Cours des travaux, l'Ingénieur fera de tems à autre, & à raison de leur importance, la vérification des ouvrages, d'après les dispositions déterminées par les plans & devis; l'Entrepreneur présent, il en dressera procès-verbal, dont il donnera note à l'Entrepreneur; & adressera copie dudit rapport à l'Administration pour qu'elle ordonne ce qui sera convenable, en cas de défectuosité & de mauvaise construction.

ART. III.

Aux épóques des payemens partiels, l'Ingénieur du Département adressera à l'Administration un procès-verbal d'inspection, qui contiendra l'indication & l'état des ouvrages faits, & aussi le montant de leur valeur, relevée sur le memoire estimatif des ouvrages, ayant égard au rabais fait

par

par l'Adjudicataire , & déduifant le dixieme de retenue à
faire fur le payement.

ART. IV.

Les ouvrages en conftruction feront vifités pendant leur
durée par l'Ingénieur en Chef, lors de fa tournée annuelle;
& fi une conftruction devoit être commencée & finie entre
deux tournées, cette conftruction feroit vifitée particuliérement : dans l'un & l'autre cas, il fera fait procès-verbal
de l'Etat des ouvrages.

ART. V.

Les travaux, felon leur importance, feront vifités durant
leur conftruction par les Procureurs du Pays, qui feront
députés à cet effet.

TITRE IV.

De la Réception d'œuvres, & du Payement des ouvrages.

ARTICLE PREMIER.

UNe entreprife étant achevée, & l'Ingénieur du Département en ayant donné avis à l'Adminiftration,
l'un des Procureurs du Pays, accompagné de l'Ingénieur en
Chef, & de l'Ingénieur du Département, fera l'examen des
travaux comparés aux plans & devis, en préfence de l'Entrepreneur.

ART. II.

S'il y a lieu à la réception d'œuvre, les Ingénieurs dreff-

D

feront leur procès-verbal, qui fera figné par le Procureur du Pays préfent, pour être le tout rapporté à l'Adminif- tration qui prononcera définitivement.

ART. III.

Pour un ouvrage dont la valeur n'excédera pas trois mille livres, la réception d'œuvre pourra être faite fans les Procureurs du Pays, par l'Ingénieur en Chef & l'Ingénieur du Département, qui procéderont comme pardevant les Procureurs du Pays; leur procès-verbal fera remis à l'Ad- miniftration, pour ftatuer ce qu'il appartiendra ; ce qui n'aura lieu néanmoins que par ordre de l'Adminiftration.

ART. IV.

Tout procès-verbal de réception d'œuvre comprendra le compte définitif du montant de l'entreprife, les articles de ce compte réglés d'après les procès-verbaux particuliers des quantités d'ouvrages, & les prix de l'adjudication.

ART. V.

Du tout il fera ordonné payement, fauf la déduction du dixieme qui doit demeurer dans la caiffe des Etats juf- ques après la feconde & définitive réception à faire dans cinq ans, & felon la forme de la premiere.

ART. VI.

Les ouvrages n'étant pas de recette lors de la derniere réception, il fera pourvu par l'Adminiftration à la réfaction & réparation des parties vicieufes, ou dégradées, qu'elle ordonnera, à la folle enchere de l'Adjudicataire, pour y être employées les fommes de fûreté laiffées par lui dans

la caiſſe des Etats; & pour le ſurplus de la dépenſe, il y
ſera contraint par toutes les voies , juſques à l'entier payement.

TITRE V.

De la Garantie par les Adjudicataires.

ARTICLE PREMIER.

LA ſeconde & définitive réception d'œuvre ne terminera
point la garantie des ouvrages en maçonnerie & pierre
de taille : elle aura lieu pour les cinq années ſuivantes,
s'il s'y découvre des vices de conſtruction, ou un emploi de
mauvais matériaux dans le corps de l'ouvrage.

ART. II.

Dans l'eſpace des cinq années qui ſuivent la premiere
réception, l'Entrepreneur ne pourra prétendre au payement
d'aucune réfaction, réparation, ou autre ouvrage fait dans
les travaux de ſon entrepriſe, à moins de dégradations,
démolitions, & ruptures cauſées par force majeure, ou
par cas fortuits.

ART. III.

L'Adjudicataire ne pourra exciper de la force majeure,
ou des cas fortuits, qu'autant qu'il aura achevé ſon entrepriſe à l'époque fixée par ſon bail, ne lui ayant été ordonné aucune ſuſpenſion, ni retard; & lorſque leſdits cas
fortuits ſeront de notoriété publique, ou conſtatés avec
les formalités requiſes.

D ij

LIVRE IV.

De l'entretien des Chemins.

TITRE PREMIER.

De l'Entretien des Rues servant de passage aux routes.

ARTICLE PREMIER.

TOute rue servant de passage à une route sera entretenue par la Communauté du lieu, & en conformité de ce qui sera prescrit pour les réparations dans le devis général d'entretien, sauf à la Communauté d'en charger l'Entrepreneur d'entretien de la route, moyennant le prix auquel cette partie aura été estimée dans le devis général.

ART. II.

Les Communautés maintiendront ces parties de route en bon état ; & en cas de négligence, constatée par un procès-verbal de tournée de l'un des Ingénieurs, il y sera pourvu par ordre de l'Administration, aux frais & dépens de la Communauté contre laquelle il sera laxé exigat au Trésorier en la forme] ordinaire.

TITRE II.

Des devis d'entretien pour les chemins neufs, après la seconde réception d'œuvre.

ARTICLE PREMIER.

LE devis d'entretien pour un chemin neuf décrira exactement la forme & dimenfion d'empierrement, engravement, accottement, foffés, banquettes, glacis, & le détail de bornes, parapets, gondoles, pavés, revêtemens, ponceaux, ponts & murs de foutenement, & tous autres ouvrages principaux ou acceffoires, pour tous lefquels fera prefcrit le genre d'entretien, les quantités & qualités des matériaux qui devront être employés, aux époques indiquées ou journellement, pour que le chemin & fes dépendances foient conftamment maintenus à neuf.

ART II.

Sera joint par articles le détail eftimatif de la dépenfe, dont la fomme totale formera le prix de l'entretien payable par femeftre, en Mars & en Septembre.

TITRE III.

Des mémoires, & des devis pour le renouvellement d'entretien.

ARTICLE PREMIER.

SIx mois avant l'expiration d'un bail d'entretien, l'Ingénieur du Département adreffera à l'Adminiftration un mémoire contenant les indications exactes fur le nombre,

& l'efpece de voitures qui fréquentent la route, fur fon utilité, pour le genre de commerce, les foires & marchés des
Vigueries & des Communautés qui communiquent avec elle;
fur l'état de dépériffement ou de confervation de la partie
à remettre en entretien ; fur la dépenfe à faire pour réparer
convenablement ; fur le prix de la nouvelle entreprife d'entretien qui commencera après la réparation faite ; fur la
qualité , l'éloignement, l'abondance ou rareté des matériaux
leur prix , celui des charrois & des Travailleurs ; enfin fur
toutes les convenances , les néceffités , la méthode , & les
moyens de l'entretien à renouveller.

A r t. I I.

L'Adminiftration ayant pris connoiffance de tous ces détails , & de l'avis par écrit de l'Ingénieur en Chef; elle ordonnera le devis, en fixant la fomme annuelle qu'elle déterminera devoir être employée à l'entretien.

A r t. I I I.

L'Ingénieur du Département fera le devis d'entretien ; il
y mentionnera la qualité des matériaux , dont la quantité
fera déterminée par les repaires en bornes numérotés , fixant
la hauteur conftante du chemin, placés hors de la voïe , de
cinquante en cinquante toifes , pour fervir conftamment de
moyens de vérification; le refte des détails fera mentionné,
comme aux devis d'entretien pour les chemins neufs , à
l'exception des ponts, qui auront plus de douze pieds d'ouverture.

A r t. I V.

L'Ingénieur en Chef , vifera le devis d'entretien dont il
rendra compte à l'Adminiftration ; & enfuite de fon rap-

port par écrit ce devis fera admis , s'il y a lieu , & figné par les Procureurs du Pays.

TITRE IV.

Des obligations communes aux Entrepreneurs d'entretien des chemins neufs & des chemins vieux.

ARTICLE PREMIER.

IL eft prefcrit également aux Entrepreneurs d'entretien des chemins neufs & des chemins vieux , de maintenir tous les foffés dépendans des chemins , dans les mêmes dimenfions, & plus grandes fi elles leur font ordonnées ; d'ouvrir des foffés d'écoulement dans toutes les circonftances où ils feront néceffaires , pour deffécher promptement le chemin , fauf le payement après la vérification faite ; d'enlever dès foffés tous les obftacles , encombremens , dépôts , barrages & ponts , dont l'ouverture feroit moindre que la largeur du foffé ; de rétablir les foffés , & leur largeur & profondeur, & emplacement lorfque les riverains les auront ou diminués ou repouffés vers le chemin ; de démolir toutes conftrutions , & arracher toutes plantations que les voifins établiront fur le chemin , en deça du foffé , dans le foffé , ou fur la banquette extérieure du foffé fi elle exifte ; de combler tous les trous, fouilles & excavations faites en deça de cette banquette ; de contenir par bonnes & fuffifantes conftructions toutes les eaux d'arrofages qui nuifent aux chemins , & felon leur volume d'établir des ponceaux pour leur paffage fous la voie ; d'enlever tous les dépôts, embarras & encombremens laiffés fur les chemins ; de couper, à la hauteur de douze pieds, toutes les branches d'arbres faillantes au delà du foffé ; d'enlever ou écrafer toutes les pierres mouvantes qui feront fur les chemins, foit qu'elles faffent partie de l'empierrement, ou qu'elles y aient été laiffées ou jettées; le tout, tant fur les chemins que dans les rues de paffage, après avoir averti dans l'un & l'autre cas les Confuls du lieu par un comparant duement fignifié & communiqué aux particuliers intéreffés, lequel contiendra la teneur du préfent article, pour qu'ils aient à y faire pourvoir dans les vingt-quatre heures; & à défaut, l'Entrepreneur exécutera le préfent ordre aux frais & dépens de qui il appartiendra, pour être enfuite pourvu au rembourfement de fon compte vifé par l'Ingénieur du département, & le paiement tant pour le travail que pour les frais, ordonné par l'exigat que laxera l'Adminiftration.

A R T. I I.

A défaut par l'Entrepreneur de procéder ainfi qu'il lui eft prefcrit par l'article précédent, l'Ingénieur en tournée fera exécuter cette partie des obligations, aux frais & dépens de l'Entrepreneur, par des Travailleurs qui feront pris dans les lieux les plus voifins.

A R T. I I I.

Les affiches de toute entreprife d'entretien, ainfi que copie des devis eftimatifs, feront envoyées aux Communautés voifines, pour être procédé à la délivrance, ainfi qu'il a été prefcrit par les articles II, III, & IV du titre II concernant les adjudications des ouvrages en conftruction.

L'on obfervera de divifer la longueur defdits entretiens, autant qu'il fera poffible.

TITRE V.

TITRE V.

De l'infpection des entretiens pour les routes, ponts & autres ouvrages publics.

ARTICLE PREMIER.

LEs Ingénieurs du Département ou le fous-Ingénieur, lorfqu'il fuppléera les Ingénieurs, vifiteront dans leurs tournées pour l'entretien des travaux publics, les chemins de Province, les ponts, digues & tous les ouvrages d'utilité publique, dont la dépenfe en totalité ou en partie a été faite des fonds du Pays. Ils drefferont un procès-verbal de leur vifite, dans lequel fera détaillé chacun des ouvrages infpeétés, & un procès-verbal particulier pour ceux qui exigent paiement; le procès-verbal fera mandé à l'Adminiftration.

TITRE VI.

Des paiemens pour les entretiens.

ARTICLE PREMIER.

AUcune fomme, échue pour le paiement d'un entretien, ne fera ordonnée à l'Entrepreneur, s'il ne fait conftater le bon état de fon entreprife d'entretien par un procès-verbal figné par l'Ingénieur du Département, les Confuls du lieu, deux Notables & le Seigneur ou le Procureur Jurifdiétionnel, lefquels remettront leurs obferva-

E

tions s'il y a lieu; le mandat étant expédié, il y fera joint l'original dudit procès-verbal.

ART. II.

Un Entrepreneur d'entretien qui n'aura pas été payé du femeftre échu de fon entreprife, pour caufe des réparations négligées & d'inexécution du devis à lui notifié par le procès-verbal d'infpeétion, y travaillera fans délai; & fi les mêmes réparations ne font point faites lors de la tournée fuivante, l'Ingénieur en fera fon procès-verbal, fur lequel l'Adminiftration ordonnera les réparations, pour être faites aux dépens de l'Entrepreneur & à fa folle enchere publiée & adjugée en une féance, dans le lieu le plus voifin. Les frais & les ouvrages feront payés des fonds dus par le Pays à l'Entrepreneur; & pour l'excédent, il fera pourfuivi extraordinairement; enfuite de quoi l'entreprife fera réfiliée de droit.

ART. III.

Un mois avant que le terme de l'entreprife d'un entretien foit expiré, l'Entrepreneur requerra l'Ingénieur du Département d'aller comparer l'état de l'entretien au devis de l'entreprife: cet examen, qui ne pourra être différé, fera fait par l'Ingénieur en préfence de l'Entrepreneur; s'il n'a pas rempli fes obligations, il fera tenu de completter les réparations preferites par fon bail d'entretien, & fur fon refus, il y fera pourvu à fa folle enchere, comme il eft dit par l'article précédent.

LIVRE V.

Des largeurs pour les chemins des rues servant de passage aux routes, des possessions contigues aux chemins & aux ouvrages particuliers.

TITRE PREMIER.

De la largeur des chemins.

ARTICLE PREMIER.

LEs chemins à construire & à réparer à neuf, auront de largeur totale, prenant empierrement, pavé & banquette ; savoir, les chemins de premiere classe, cinq toises, & cette largeur pourra être augmentée aux approches des villes ; les chemins de seconde classe, quatre toises ; les chemins des Communautés, quinze pieds : ces largeurs pourront être réduites, lorsque les Etats le jugeront convenable. Si les Vigueries ou les Communautés desirent avoir dans quelques parties de la route, des largeurs plus considérables que celles ci-dessus prescrites, la dépense que cette augmentation occasionnera sera faite à leurs frais & dépens.

E ij

TITRE II.

Des Rues servant de passage aux routes.

ARTICLE PREMIER.

LEs Consuls de chaque lieu, où est établi le passage d'une route, exposeront publiquement à l'Hôtel-de-Ville le plan des alignemens ordonnés par l'Administration, pour cette rue; & toutes les constructions nouvelles seront établies sur ces alignemens, après le tracé qui en sera fait à mesure du besoin, en présence des Consuls, par les Ingénieurs des Départemens.

ART. II.

Nul Particulier, dont la maison sera sujette à l'alignement déterminé par le plan, ne pourra la démolir, sans en avoir averti au préalable l'Administration un mois auparavant, à l'effet que l'Ingénieur du Département puisse en avoir connoissance, & tracer lui-même la direction déterminée, & le niveau du sol.

ART. III.

Toute œuvre faite par un Propriétaire, qui ne seroit pas conforme au plan déterminé, & qui n'auroit pas demandé l'alignement, sera démolie à ses frais & dépens, ensuite des ordres de l'Administration, & d'après le procès-verbal de l'Ingénieur du Département : ce procès-verbal sera signé par l'Ingénieur, les Consuls du lieu, deux Notables, le Juge, ou le Procureur Jurisdictionnel.

TITRE III.

Des Maïsons de campagne , des Murs d'enclos le long d'un chemin.

ARTICLE PREMIER.

TOut édifice ou mur à conſtruire au bord d'un chemin neuf , ſera établi à trois pieds au-delà du foſſé , & ne pourra être placé de maniere à gêner l'écoulement des eaux que ce chemin ou ce foſſé verſent dans la campagne ; il en ſera de même des dépendances de l'édifice , & des murs d'enclos.

ART. II.

Tout édifice & mur à conſtruire le long d'un chemin vieux , ou d'une rue ſervant de paſſage à une route , ne pourra être établi, ſans que le Propriétaire en ait reçu l'alignement de l'Ingénieur du Département, en exécution du plan arrêté pour la prochaine réfeƈtion de cette partie de chemin ; la partie de plan concernant l'alignement, ſigné des Procureurs du Pays , ſera remis au propriétaire pour lui ſervir de titre ; cette Ordonnance fixera la hauteur deſd. murs , & les conditions ; & faute par lui d'obſerver ce préalable , il ne pourra prétendre aucun payement, ſi la démolition avoit lieu lors des conſtruƈtions , réparations ou redreſſement du chemin ou rue , & pour les ouvertures & percements qui pourroient être alors néceſſaires pour l'écoulement des eaux.

ART. III.

Les Propriétaires de tous les édifices ruraux , & des

maiſons habitées qui ſont placées ſur un chemin en deçà du foſſé, & entre le foſſé & ſa banquette extérieure vers la campagne, ſeront & demeureront obligés d'entretenir, réparer & maintenir le chemin en bon état dans toute la longueur de leurs édifices; & l'Entrepreneur tiendra la main à l'exécution du préſent article, ſous peine d'en répondre en propre.

ART. IV.

Pour parvenir à toute habitation ou propriété ſituée au-delà du foſſé d'un chemin, les Propriétaires établiront ſur le foſſé des ponts ſolidement conſtruits, & dont l'ouverture ſoit égale à la hauteur & largeur exacte du foſſé. En cas d'encombrement, ou de défectuoſité audit foſſé, l'Entrepreneur y pourvoira, ainſi qu'il a été réglé en l'article précédent.

TITRE IV.

Des Eaux utiles qui traverſent ou ſuivent les chemins.

ARTICLE PREMIER.

LEs Propriétaires des eaux utiles pour moulins, ouvroirs & fabriques, & pour l'arroſement des terres, les contiendront, aux approches des chemins, dans des canaux ou foſſés ſuffiſans, pour qu'elles ne puiſſent ſe répandre ſur le chemin, ou dans des foſſés.

ART. II.

Les eaux utiles pourront être miſes dans les foſſés du chemin, & les ſuivre; le Propriétaire qui en aura l'uſage,

fera tenu d'entretenir ce foſſé, & d'empêcher que leſdites
eaux n'occaſionnent aucun dommage à la route. Ces eaux
ne pourront traverſer les chemins qu'au moyens des ponceaux conſtruits & entretenus aux frais deſdits Particuliers;
& en cas de négligence de leur part, ſur le procès-verbal
de l'Ingénieur du Département, l'Adminiſtration ordonnera
ce qu'elle jugera convenable ; & conformément aux diſpoſitions des anciens Réglemens, les deblais provenant du
recurage deſdits foſſés, feront dépoſés du côté des terres,
& non ſur la banquette du chemin. Lorſque la Province
fera un changement à un chemin, & que ſa nouvelle direction traverſera des foſſés, des canaux d'arroſage, des
béals de moulins, &c. ce fera à la Province à pourvoir
à l'exécution des ouvrages néceſſaires, comme ponts, ponceaux, murs, & autres, & à les entretenir.

LIVRE VI.

Des matériaux & du paiement de leur prix.

TITRE PREMIER.

Des carrieres , fouilles de gravier , & de fable , & des clapiers.

ARTICLE PREMIER.

TOus les matériaux, néceffaires pour la conftruction des travaux publics , feront pris là où ils auront été indiqués par le devis de conftruction & d'entretien.

ART. II.

Les Entrepreneurs pourront fe fervir de carrieres ouvertes & en ouvrir de nouvelles ; faire toutes les fouilles néceffaires pour l'extraction du gravier & du fable ; employer les pierres amoncelées en clapiers, lorfqu'elles ne feront pas utiles aux propriétaires ; raffembler & enlever les pierres & les rochers épars ; enfin rompre & employer celles qui font adhérentes , fi elles ne foutiennent pas des terreins cultivés ou des bois ; le tout après avoir préalablement prévenu le Propriétaire par un comparant fignifié huit jours à l'avance pour les conftructions , & vingt-quatre heures feulement pour les entretiens & réparations preffantes.

TITRE II

TITRE II.

Du prix des matériaux, des dédommagemens dus pour les dégats faits dans les propriétés, & du payement.

ARTICLE PREMIER.

LEs Entrepreneurs conviendront de gré à gré, & par écrit avec les propriétaires, du prix des matériaux qu'ils extrairont; ou bien ils les payeront à six sols la toise cube mesurée dans les fouilles. Quant aux matériaux épars qu'ils rassembleront, il ne sera exigé d'eux aucun payement.

ART. II.

Les mesures des excavations seront constatées par les buttes, témoins ou dames qui seront laissées à cet effet dans le déblai.

ART. III.

Il sera expressément défendu à tout Entrepreneur de déplacer aucune pierre ayant un usage utile ; de démolir aucuns murs; d'enlever aucun approvisionnement de matériaux, bois, attraits & échaffaudages, à peine de tous dépens, dommages & intérêts envers le Propriétaire.

ART. IV.

Les dégats causés dans les propriétés par le charroi des matériaux, & les dédommagemens pour cause de non jouissance, seront dus par l'Entrepreneur au Propriétaire du sol; ils traiteront du prix par écrit, avant tout ouvrage, & s'ils

F

n'en conviennent pas, l'eſtimation en ſera faite enſuite par Experts.

Art. V.

Pour l'emplacement des terres, pierres, graviers, & autres matieres entrepoſées ſur les poſſeſſions des Particuliers, tant pour les travaux en conſtruction que pour les travaux à l'entretien, les Entrepreneurs procéderont de la maniere preſcrite par l'article précédent.

LIVRE VII.

De l'estimation & du payement pour les terreins & démolitions nécessaires à l'établissement des Travaux publics.

TITRE PREMIER.

Des Experts - Estimateurs , & de leurs estimations.

ARTICLE PREMIER.

LEs Experts-Estimateurs de chaque Communauté feront, pour ce qui est relatif aux travaux publics, l'estimation des objets occupés ou détruits pour l'emplacement & dépendance de ces travaux, & pour alignemens, redressemens, & élargissemens des rues servant de passage, & n'y pourront opérer qu'avec un Géometre - Arpenteur & Toiseur de la Province.

ART. II.

Ils fixeront la valeur des fonds de terre, selon les prix établis par partages, contrats d'acquisition, & autres titres valables les plus récens de ces terres ou d'autres de même qualité & produit, y ajoutant l'augmentation acquise par le laps du tems, ou par les améliorations que les Propriétaires y auront faites; les actes seront indiqués, ainsi que les motifs à l'augmentation du prix, si elle a lieu.

F ij

Art. III.

Les plantations, les récoltes, les murs d'enclos, les rigoles de maçonnerie pour les arrofemens, feront féparément eftimés felon le prix du Pays & leur état, en indiquant fi les propriétaires conferveront les bois & les matériaux.

Art. IV.

L'eftimation du coupement des maifons fujettes à l'alignement, ne fera point mention des façades qui feront ruineufes, par ruptures des cintres aux ouvertures ou hors d'aplomb de la moitié de leur épaiffeur, pour lefquelles il n'eft dû aucun dédommagement aux propriétaires, & l'état des façades fera particuliérement détaillé; l'eftimation comprendra en détail le toifé & la valeur aux prix du pays, & dans leur état aftuel, du fol, des fondemens, caves, planchers, toits, murs mitoyens & de refend, cloifons, efcaliers, cheminées, enduits, moulures, carrelage, & généralement tout ce qui fe trouvera compris dans le coupement: ces prix étant fixés fur cette valeur totale, il fera fait la déduftion des prix partiels des matieres qui feront remifes en œuvre, telles que pierres de tailles, bois, fer, carreaux, tuiles & autres, ayant égard à la détérioration qu'elles pourront éprouver, & aux frais de remaniment.

Les Experts & les Géometres employés pour faire lefdits rapports fe conformeront au préfent article, & aux trois précédens, à peine de nullité de leur rapport, lequel fera refait à leurs frais & dépens.

Art. V.

Les Communautés, chacune dans leur terroir, payeront aux Propriétaires les objets occupés ou détruits, pour

l'emplacement des travaux publics, & pour les redreſſe-
mens & élargiſſement des rues ſervant de paſſage.

TITRE II.

*Des Conteſtations ſur les eſtimations , & des recours
de leur jugement.*

ARTICLE PREMIER.

TOute conteſtation, ſur une eſtimation relative aux travaux publics, ſera portée pardevant l'Adminiſtration,
pour que le rapport ſoit par elle examiné, avant qu'il en
ſoit déclaré recours contre la Communauté.

ART. II.

S'il y a lieu au recours, il ſera jugé par l'un des Procureurs du Pays, accompagné par l'Ingénieur du Département , & préſent, pour être entendu un Expert d'une
Communauté voiſine; l'Ingénieur en Chef étant ſeul en
tournée pourra également vuider le recours, étant préſent
l'Ingénieur du Département, & un Expert d'une Communauté voiſine.

Fait & arrêté dans l'Aſſemblée des Etats généraux du
Pays & Comté de Provence le 28 Janvier 1788.

Signé , † J. R. DE BOISGELIN, Archevêque d'Aix,
Préſident des Etats de Provence.

PROCÈS-VERBAL

DE

L'ASSEMBLÉE GÉNÉRALE

DES

GENS DU TIERS-ÉTAT

DU PAYS ET COMTÉ

DE

PROVENCE,

*Convoquée, par autorité & permiffion de Sa Majefté, en la ville
de Lambefc, au quatrieme Mai 1788.*

A AIX,

De l'Imprimerie de B. GIBELIN-DAVID, & T. EMERIC-DAVID,
Avocats, Imprimeurs du Roi & des États de Provence.

M. DCC. LXXXVIII.

ASSEMBLÉE GÉNÉRALE

Des Gens du Tiers-Etat du Pays & Comté de Provence, convoquée à Lambefc au quatrieme Mai mil fept cent quatre-vingt-huit, pour commencer le lendemain cinquieme, par autorité & permiffion de Sa Majesté, & par mandement de MM. les Maire Confuls, Affeffeur d'Aix, Procureurs des Gens des Trois Etats du Pays & Comté de Provence; auquel jour cinquieme Mai mil fept cent quatre-vingt-huit, pardevant Monfeigneur Charles Jean-Baptiste des Galois, Chevalier, Marquis de Saint-Aubin, Vicomte de Glené, Seigneur de La Tour, Bourbon-Lancy, Chezelles-Dompierre, & autres Lieux, Confeiller du Roi en tous fes Confeils, Maître des Requêtes honoraire de fon Hôtel, Premier Préfident du Parlement d'Aix, Intendant de Juftice, Police & Finances en Provence, Commiffaire nommé par Sa Majefté pour autorifer ladite Affemblée. Ont été préfens:

MM. Pierre-Louis Demandolx de la Palu, Chevalier, Seigneur, Marquis de la Palu, Meyrefte & autres Lieux. Jean-Jofeph-Pierre Pafcalis, Avocat en la Cour; Jofeph Lyon de Saint-Ferreol, Maire Confuls, Affeffeur d'Aix, Procureurs des Gens des Trois Etats du Pays & Comté de Provence.

MM. Jofeph-Antoine de Barreme, Chevalier de l'Ordre

A ij

Royal & Militaire de St. Louis , & Louis Boutard , Maire premier & fecond Confuls & Députés de la Communauté de Tarafcon.

M. Antoine-Roch Neviere , Avocat en la Cour , Maire premier Conful & Député de la Communauté de Forcalquier.

M. Claude-Louis Reguis , Avocat en la Cour , Maire premier Conful & Député de la Communauté de Sifteron.

M. Jean-Jofeph Mougins , Sieur de Roquefort , Avocat en la Cour , Maire premier Conful & Député de la Communauté de Graffe.

M. Jofeph-François-Bernard , Bourgeois , Maire premier Conful & Député de la Communauté d'Hieres.

M. Jofeph Gravier de Fos , ancien Officier d'Infanterie , Maire premier Conful & Député de la Communauté de Draguignan.

M. Louis-Charles Lentier de Villeblanche , ancien Commiffaire-Contrôleur de la Marine , Maire premier Conful & Député de la Communauté de Toulon.

M. François Colomb du Villard , Licencié ez Droits , Maire premier Conful & Député de la Communauté de Digne.

M. Gafpard-Bernard , Bourgeois , Maire premier Conful & Député de la Communauté de Saint-Paul.

M. François Rebory , Docteur en Médecine , Maire premier Conful & Député de la Communauté de Mouftiers.

M. Louis-Honoré Simon , Maire premier Conful & Député de la Communauté de Caftellanne.

M. Claude-Antoine-Gabriel Dubois de Saint-Vincent , ancien Major d'Infanterie , Chevalier de St. Louis , Maire , premier Conful & Député de la Communauté d'Apt.

M. Marc Bonnaud , Avocat en la Cour , Maire premier Conful & Député de la Communauté de Saint-Maximin.

M. Jofeph-Pierre-Jean-Baptifte Maquan , Avocat en la Cour , Maire premier Conful & Député de la Communauté de Brignoles.

M. Joſeph Vachier, Avocat en la Cour, Maire premier Conſul & Député de la Communauté de Barjols.

M. Jacques Verdollin, Avocat en la Cour, Maire premier Conſul & Député de la Communauté d'Annot.

M. Jean-Dominique Giraud, Avocat en la Cour, Maire premier Conſul & Député de la Communauté de Colmars.

M. Joſeph-Antoine Tiran, Docteur en Médecine, Maire premier Conſul & Député de la Communauté de Seyne.

M. Charles-Pierre Reynaud, Marchand, Maire troiſieme Conſul & Député de la Communauté de Fréjus.

M. Balthaſard Eſmiol, Maire premier Conſul & Député de la Communauté de Riez.

M. Dominique Silvy, Docteur en Médecine, Maire premier Conſul & Député de la Communauté de Pertuis.

M. Joſeph-Antoine de Sauteiron, ancien Officier d'Infanterie, Maire premier Conſul & Député de la Communauté de Manoſque.

M. Dominique-Nicolas Felix de Broquery, Maire premier Conſul & Député de la Communauté de Lorgues.

M. Louis Thadey, Avocat en la Cour, Maire premier Conſul & Député de la Communauté d'Aups.

M. Dominique-Joſeph Conſtans, Maire premier Conſul & Député de la Communauté de Saint-Remy.

M. Clemens-Yves Iſnard, Notaire Royal, Maire premier Conſul & Député de la Communauté de Reillanne.

M. Jean-Joſeph Roman, Avocat en la Cour, Maire premier Conſul & Député de la Communauté des Mées.

M. Jacques Bernard, Bourgeois, Maire premier Conſul & Député de la Communauté d'Antibes.

M. Pierre-Paul Jaubert de Fontvive, Avocat en la Cour, Maire premier Conſul & Député de la Communauté de Lambeſc.

M. Joſeph Mouton, Négociant, Maire troiſieme Conſul & Député de la Communauté de Valenſole.

M. Jean-Baptiſte Baux, Bourgeois, Maire premier

Conful & Député de la Communauté de Trets.

M. Jean-Jofeph Bourgogne, Docteur en Médecine, Maire premier Conful & Député de la Communauté de Cuers.

M. Jean-Honoré-Elzear de Defidery, Chevalier de l'Ordre royal & Militaire St. Louis, Maire premier Conful & Député de la Communauté de Rians.

M. Pierre Decugis, Bourgeois, Maire premier Conful & Député de la Communauté d'Ollioules.

M. Jean-François de Romans, ancien Chevau-leger de la garde ordinaire du Roi, Maire Conful & Député de la Communauté de Martigues.

M. Etienne Payan, Avocat en la Cour, Maire premier Conful du lieu de St. Chamas, Député de la Viguerie d'Aix.

M. André Peliffier, Docteur en Médecine de la ville de Saint-Remy, Député de la Viguerie de Tarafcon.

M. Jean-Jofeph Paillier, Notaire Royal du lieu de Banon, Député de la Viguerie de Forcalquier.

M. Jofeph Bucelle, Notaire royal du lieu de Turriés, Député de la Viguerie de Sifteron.

M. Pierre-Paul André, Bourgeois, Maire premier Conful de la ville de Vence, Député de la Viguerie de Graffe.

M. François-Hiacinthe Ruel, Notaire royal & Greffier de la Communauté du lieu de Belgencier, Député de la Viguerie d'Hieres.

M. Jofeph-François Pafcal, Docteur en Médecine du lieu des Arcs, Député de la Viguerie de Draguignan.

M. Thomas Martin, Bourgeois du lieu de la Valette, Député de la Viguerie de Toulon.

M. Benoît Salvator, Avocat en la Cour, de la ville des Mées, Député de la Viguerie de Digne.

M. Jofeph Blacas, Maire premier Conful de la Communauté de Villeneuve, Député de la Viguerie de St. Paul.

M. Antoine Courbon, Notaire royal du lieu de Roumoules, Député de la Viguerie de Mouftiers.

M. Henri Juglar, Avocat en la Cour, Maire premier Conful de la Communauté de Saint-André, Député de la Viguerie de Caftellanne.

M. André-Antoine-Jofeph Jouve, Maire premier Conful du lieu de Gordes, Député de la Viguerie d'Apt.

M. Antoine Blanc, Maire premier Conful de la Communauté de Tourves, Député de la Viguerie de St. Maximin.

M. Clair-Honoré Olivier, licencié ez droits, Maire premier Conful du lieu de la Roque-Bruffanne, Député de la Viguerie de Brignolle.

M. Jean-Marcel Berrut, Bourgois du lieu de Pontevès, Député de la Viguerie de Barjols.

M. Bonnaventure Boyer, Maire premier Conful de la Communauté de Thorame-Haute, Député de la Viguerie de Colmars.

M. Laurent Bayle, Avocat, Maire premier Conful du lieu du Vernet, Député de la Viguerie de Seyne.

En abfence du Député de la Viguerie d'Annot.

ONSEIGNEUR DES GALOIS, Chevalier, Marquis de Saint-Aubin, Vicomte de Gléné, Seigneur de La Tour, Bourbon-Lancy, Chezelles-Dompierre, & autres lieux, Confeiller du Roi en tous fes Confeils, Maître des Requêtes honoraire de fon Hôtel, Premier Préfident du Parlement d'Aix, Intendant de Juftice, Police & Finances en Provence, Commiffaire de Sa Majefté en la préfente Affemblée, a dit:

MM.

Le Roi s'eft rendu au vœu de fes Peuples: plufieurs Provinces jouiffent déja de ces Affemblées nationales où les Trois Ordres, maintenus dans un fage équilibre, dirigent au bien public le zele & l'activité du patriotifme.

Dans cette heureufe révolution, la Provence avoit à defirer le retour à fon antique Conftitution: Sa Majefté, en
convoquant les Etats dans la forme conftitutionnelle, vous
a rendu tous les droits dont vos peres avoient joui.

Ce bienfait affure & garantit la profpérité de la Province.
Pour remplir cet objet, les Etats fe font occupés de tout
ce qui tient à l'utilité publique. Ils ont obtenu des dimi-
nutions inattendues fur des contributions néceffaires. Ils ont
pofé les bafes d'une fage économie. Ils ont pris de juftes
méfures pour étouffer jufques dans leur germe ces longues
& anciennes conteftations qui divifent les Ordres, qui font
le malheur de tous.

Il eut été à defirer qu'un commun accord eût préparé &
confommé le grand œuvre de la félicité publique. L'amour de
la Patrie devoit opérer ce concert fi intéreffant & fi néceffaire. Une confiance entiere & réciproque devoit réunir des
citoyens que leur véritable intérêt ne peut féparer.

Sa Majefté avoit annoncé que les Mémoires relatifs aux
queftions qui devoient être agitées dans les Etats, feroient
examinés dans fon Confeil. Vous avez defiré de porter vos
réclamations directement aux pieds du Trône. Notre follicitude a prévenu vos demandes, & la permiffion de vous
affembler étoit déja accordée.

Profitez des bontés de Sa Majefté. Fixez les objets de
réclamation qui doivent être mis fous fes yeux. Occupez-
vous de l'intérêt des Cités, cherchez à le concilier avec
vos loix nationales, n'oubliez jamais que l'amour de l'Ordre,
l'attachement à votre Conftitution, & l'union la plus par-
faite, font les vrais garans du bonheur public. Conformez-
vous aux intentions du meilleur des Rois. Repofez-vous
fur fon amour pour fes Peuples. C'est le moyen de juftifier
                                                            fa

fa confiance. La fageſſe de vos Délibérations peut feule me donner l'avantage de concourir au fuccès de vos vues. Vous connoiſſez mon zele pour vos intérêts. Je me flatte de vous en avoir donné des preuves. Il ne fe démentira jamais.

Obligé par état de protéger les Communautés, de faire valoir leurs droits légitimes, d'appuyer leurs juſtes réclamations, un double lien m'unit à vous : mon devoir & mes fentimens.

M. Paſcalis, Aſſeſſeur d'Aix, Procureur du Pays, a dit :

MM.

Un Roi juſte & bienfaifant nous rappelle à notre ancienne Conſtitution : fans ceſſe occupé du bonheur de fes peuples, il rend à la Nation l'exercice de ce droit antique trop long-tems fufpendu, & qui fait concourir, pour ainſi dire, chaque Citoyen à l'adminiſtration de la chofe publique.

Ces Aſſemblées nationales, dont il ne nous reſtoit que le fouvenir, qui reſſerrent le lien focial, qui rapprochent le fujet du Souverain, qui facilitent l'accès du Trône ; qui par les repréfentations fucceſſives des Communautés aux Vigueries, & des Vigueries aux Etats, peuvent aſſurer le fuccès de la réclamation d'un ſimple Particulier ; qui veillent fans ceſſe au maintien des privileges du Pays, qui par la réunion des forces & des lumieres des différens Ordres,

B

donnent au Souverain des preuves plus décifives de zele, d'attachement & de fidélité, & qui par cela même en reçoivent des témoignages plus directs de protection & de bienfaifance ; ces Affemblées nationales, dont nos peres s'honoroient, ont été enfin rétablies, & nous avons vu, avec attendriffement, tous les Ordres & tous les Membres qui les compofent en témoigner leur fatisfaction & leur reconnoiffance.

Les deux premiers Ordres, privés depuis long-tems du concours à l'Adminiftration publique, y ont été enfin appellés, & le Tiers privé du fecours de leur crédit, de leurs lumieres & de leurs connoiffances, fera déformais à même d'en profiter. Notre Adminiftration de chaque Ordre, difpofant féparément fur fes intérêts privés par les repréfentans de chacun d'eux, qui languiffoit dans une efpece de léthargie, qui étoit moins l'Adminiftration de la Nation, que l'Adminiftration particuliere de chacun des Ordres qui la compofent, reffufcite, prend un nouvel effor, & redevient ce qu'elle étoit, nous ofons dire, dans le principe de la formation des fociétés.

Elle a même cet avantage que l'accroiffement des lumieres, l'expérience & la fageffe du Gouvernement la garantiffent des erreurs dont il étoit difficile de fe défendre dans des fiecles de barbarie & d'ignorance.

Voilà donc la Nation heureufement réunie en Corps d'Etat ; la voilà jouiffant de cette efpece de Conftitution, libre par effence, encore plus libre par l'ufage modéré qu'elle fait de fa liberté, offrant au Souverain l'hommage libre d'un tribut volontaire; exempte de toute contribution; confultant moins fes forces que fon amour pour fes Souverains dans la fixation des tributs qu'exige le maintien de l'harmonie générale; affranchie de toute efpece de joug perfonnel, tels que la corvée & autres impôts de pareille nature relégués dans les Pays d'élection; ne connoiffant d'autre charge que celle des fonds, & en allégeant le fardeau par le choix des moyens qui peuvent en faciliter la levée, & qui, mieux à la convenance de chaque Communauté, font les moins onéreux au peuple. Voilà enfin la Nation véritablement repréfentée par le concours de tous les Ordres qui la compofent, & heureufément rendue au vœu que nos peres avoient fi fouvent porté aux pieds du Trône.

Quelle ne doit pas être notre reconnoiffance pour un bienfait de cette importance! Le Souverain, qui s'en repofe aujourd'hui pour l'Adminiftration du Pays fur le Pays lui-même, pouvoit-il donner une preuve de confiance plus intime, & un témoignage d'affeétion plus décidé?

Je fais, MM., qu'un préjugé, qui n'avoit peut-être que trop gagné dans l'efprit de certains membres du Tiers, n'envifageoit pas le rétabliffement des Etats fous fon véritable rapport; que la fageffe de l'Adminiftration des Communes qui avoit mérité l'éloge de tous les Publiciftes, en impofoit; & que l'on regardoit

B ij

comme dangereux tout changement dans une Adminiſtration économique & tranquille.

Mais ces vues, reſſerées dans le cercle de l'adminiſtration des Communes, ne s'élevoient pas juſqu'au bien général. On n'enviſageoit que l'intérêt d'un Ordre ; & c'eſt de l'intérêt du Pays qu'il faut s'occuper. On laiſſoit le Tiers livré à ſa propre foibleſſe ; & ſa foibleſſe a néceſſairement beſoin d'appui. On comptoit ſur le zele des Adminiſtrateurs ; & ce zele, quoique héréditaire, toujours également actif, ne préſente pas toujours les mêmes moyens. Ce n'eſt que dans la réunion des Ordres, que l'on peut trouver ce concours de lumieres, de force, & de reſſources ſi néceſſaires au luſtre de la Nation.

Si tous les Ordres concourent à l'Adminiſtration, tous les Ordres ſeront intéreſſés à en maintenir l'harmonie ; le fort viendra au ſecours du foible, le riche au ſecours du pauvre, & le patriotiſme échauffant tous les cœurs, l'intérêt perſonnel diſparoîtra, & le bien du Pays en devenant l'idole, deviendra auſſi la raiſon de toutes ſes démarches.

Notre régime ne préſentera pas, ſi l'on veut, dans l'inſtant de ſa reſurrection, l'image de la perfection. Les eſprits ne ſeront pas encore aſſez animés ou pénétrés de l'idée du bien commun ; le mur de ſéparation, qui ſembloit élevé entre les différens Ordres, ne ſera pas abſolument franchi ; les intérêts croiſés, les anciens préjugés des différens Ordres, leur méfiance refpective, réfultat néceffaire de l'état de guerre dans lequel ils vivoient, ne permettront pas d'afpirer fubitement à cet accord & à cette union fi defirables pour le bien de tous. Mais le tems, la réflexion, l'intérêt commun, les leçons falutaires du Gouvernement, les avis paternels du Magiftrat, qui, depuis plus de quarante années, confacre fes veilles à notre bonheur, les principes du Prélat qui a régénéré notre Adminiftration, vivifié notre Agriculture & notre Commerce, franchiront bientôt ces difficultés du moment, & vous jouirez en paix, dans une union fraternelle, des avantages des Pays d'Etat dans toute leur plénitude.

Commençons donc de nous bien pénétrer, pour notre propre intérêt, de la néceffité du rétabliffement des Etats, & d'après ce fentiment intime, montrons-nous dignes de ce bienfait par la fageffe de nos demarches.

Si nous nous permettons quelque réclamation, que ce ne foit que fur des objets utiles, fans oublier les égards & le refpeft qui font dus aux deux premiers Ordres. Notre modération & notre fageffe donneront un nouveau poids à notre réclamation. C'eft fur-tout par notre foumiffion & par notre retenue, que nous mériterons d'être écoutés.

Expofons notre fituation avec franchife, confiance, & vérité; prouvons que nos efforts font au-deffus de nos facultés; penfons & difons comme nos peres en mil cinq cent foixante-dix-huit, *que nous fommes prêts à facrifier à Sa*

Majefté nos biens, nos femmes, nos enfans. Et
en nous comportant en enfans foumis & ref-
pectueux, le cœur bienfaifant de Sa Majefté
nous traitera en pere.

Me. de Regina, Greffier des Etats, a fait
lecture des Lettres de Cachet, des Lettres patentes & du Mémoire du Roi pour fervir d'inftruction, dont la teneur fuit :

DE PAR LE ROI, COMTE DE PROVENCE.

Lettre du Roi
à MM. les
Procureurs du
Pays.

TRES-CHERS ET BIEN AMÉS, Eftimant à propos
d'ordonner la convocation de l'Ordre du Tiers-
Etat de notre Pays & Comté de Provence, à
l'effet de délibérer fur différens objets relatifs
audit Ordre, qui ont été traités dans l'Affemblée
des Etats de notredit Pays & Comté, & nous
faire, fur lefdits objets, toutes repréfentations
utiles & convenables, nous vous faifons cette
lettre, pour vous dire que vous ayiez à convoquer les Confuls & autres Membres dudit
Ordre qui doivent affifter à ladite Affemblée,
que nous voulons être tenue à Lambefc le quatre
Mai prochain ; à l'effet de quoi vous donnerez
au Corps des Vigueries les avertiffemens néceffaires, pour qu'ils aient à nommer leurs Députés à ladite Affemblée. Si n'y faites faute,
CAR tel eft notre plaifir. DONNÉ à Verfailles
le vingt-neuf Mars mil fept cent quatre-vingt-
huit, *figné* LOUIS. *Et plus bas*, LE BARON DE
BRETEUIL.

Et au dos eft écrit : A nos très-chers & bien
amés les Procureurs de notre Pays & Comté de
Provence.

DE PAR LE ROI, COMTE DE PROVENCE.

TRÉS-CHERS ET BIEN AMÉS, ayant jugé à propos de vous convoquer, à l'effet de délibérer sur différens objets, relatifs à votre ordre qui ont été traités dans l'Assemblée des Etats de notre Pays & Comté de Provence, & nous faire sur lesdits objets, toutes représentations utiles & convenables, nous avons chargé le sieur de La Tour, Premier Président de notre Cour de Parlement d'Aix, & Intendant de Police, Justice & Finances en notredit Pays & Comté, de tenir ladite Assemblée, & de recevoir les Mémoires & représentations que vous croirez être dans le cas de nous adresser, pour, ensuite nous les faire passer, & être par nous ordonné ce qu'il appartiendra. A cette cause, nous vous mandons d'avoir, en ce que ledit sieur de La Tour vous dira de notre part, la même créance que vous auriez en notre propre personne. Si n'y faites faute, CAR tel est notre plaisir. DONNÉ à Versailles le vingt-neuf Mars mil sept cent quatre-vingt-huit, *signé*, LOUIS. *Et plus bas*, LE BARON DE BRETEUIL.

Lettre du Roi à l'Assemblée.

Et au dos est écrit : A nos très-chers & bien amés les Gens du Tiers-Etat de notre Pays & Comté de Provence.

LOUIS, par la grace de Dieu, Roi de France & de Navarre, Comte de Provence, Forcalquier & Terres adjacentes, à notre amé & féal Conseiller en nos Conseils le sieur de La Tour, premier Président en notre Cour de Parlement d'Aix, & Intendant de Justice, Police & Finances en notre Pays & Comté de

Commission à M. de La Tour.

Provence, falut. Nous avons jugé à propos d'ordonner la convocation de l'Ordre du Tiers-Etat de notredit Pays & Comté, à l'effet de délibérer fur différens objets relatifs audit Ordre, qui ont été traités dans l'Affemblée des Etats de notredit Pays & Comté, & de nous faire, fur lefdits objets, toutes repréfentations utiles & convenables; & voulant que ladite Affemblée foit tenue par une Perfonne de qualité requife; à ces caufes, nous vous avons commis, ordonné & député, & par ces préfentes, fignées de notre main, commettons, ordonnons & députons, pour, en notre nom & repréfentant notre Perfonne, tenir ladite Affemblée, que nous avons fixée à Lambefc au quatre du mois de Mai prochain, & faire en icelle tout ce qui pourra être du bien de notre fervice, & de l'intérêt de notredit Pays & Comté, CAR tel eft notre plaifir. DONNÉ à Verfailles le vingt-fixieme jour du mois de Mars, l'an de grace mil fept cent quatre-vingt-huit, & de notre regne le quatorzieme. *Signé*, LOUIS. *Et plus bas :* par le Roi, Comte de Provence. LE BARON DE BRETEUIL.

Mémoire du Roi pour fervir d'inftruction à M. le Commiffaire.

MÉMOIRE DU ROI pour fervir d'inftruction au fieur de La Tour, Confeiller de Sa Majefté en fes Confeils, Premier Préfident en fa Cour de Parlement d'Aix, & Intendant de Juftice, Police & Finances en fon Pays & Comté de Provence.

Sa Majefté ayant accordé l'Affemblée des Communautés à la demande qui en avoit été formée, pendant les derniers Etats, par fes Commiffaires,

Commiſſaires, charge le ſieur de La Tour, ſon Commiſſaire, de déclarer ſes intentions à l'Aſſemblée.

Sa Majeſté avoit convoqué les derniers Etats dans leur forme ancienne & conſtitutionnelle, pour être tenus, pendant toute la durée de leurs ſéances, dans la même forme dans laquelle ils avoient été convoqués. Elle avoit deſiré que l'Ordre de la Nobleſſe conſentît à ſe réduire, enſorte que les voix des deux premiers Ordres fuſſent égales à celles du Tiers-Etat.

Elle avoit entendu, ſelon les propres termes de ſes inſtructions, qu'il ne ſeroit rien chargé à la formation des Etats dans tout ce qui n'avoit point de rapport à la proportion des voix des différens Ordres.

Sa Majeſté a vu avec ſatisfaction que les Délibérations des Etats, ſur la formation des Etats à venir, avoient rempli l'objet de ſes inſtructions, & n'en avoient point paſſé les bornes.

Le Clergé même a renoncé à l'augmentation du nombre de ſes membres, autoriſée par les inſtructions.

Le nombre du Tiers-Etat eſt reſté le même, ſelon ſon ancienne Conſtitution.

La Nobleſſe ſeule a ſupporté une réduction conſidérable, & cet Ordre, aſſemblé après la clôture des Etats, a exercé le droit qui lui appartient, de régler l'élection de ſes repréſen-

C

tans , en fixant le nombre marqué par les inftruĉtions du Roi , & les Délibérations des
Etats.

Sa Majefté avoit indiqué pour les Etats de
Provence la même proportion que des raifons
de juftice & de convenance lui ont fait adop-
ter pour toutes les Affemblées provinciales , &
elle ne penfe pas qu'il y ait des raifons pour
établir en Provence une autre proportion que
dans les autres Provinces du Royaume.

Sa Majefté déclare en conféquence, qu'elle
confirme & autorife la Délibération des Etats fur
la formation des Etats à venir ; qu'elle donne fon
agrément au refus fait par le Clergé , de l'augmentation propofée par fes inftruĉtions aux derniers Etats ; & qu'elle maintient la Nobleffe dans
le droit d'élire librement & volontairement fes
repréfentans aux Etats , fans que le Tiers-Etat
puiffe exercer un autre droit , relativement à la
repréfentation des deux premiers Ordres , que
celui d'en connoître le nombre , à l'effet qu'il
n'excede pas celui des Députés du Tiers ayant
voix délibérative.

Sa Majefté eft inftruite que les Etats n'ont
cru devoir rien changer au tour de rôle des
Députés des Vigueries , jufqu'à ce que les Communautés euffent été confultées , & qu'ils ont
délibéré une lettre circulaire adreffée à toutes
les Communautés. Il eft indifpenfable que les
Communautés donnent leur réponfe par écrit,
avant d'y rien changer. L'Affemblée des Communautés peut faire fes obfervations fur la né-

ceffité ou l'utilité de modifier ou d'abolir le tour de rôle, fans pouvoir y délibérer.

Sa Majefté autorife également l'Affemblée à mettre fous fes yeux les raifons relatives à l'établiffement d'un Syndic des Communautés, fans qu'elle puiffe procéder à fa nomination ; Sa Majefté fe réfervant de décider, s'il y a lieu à rétablir cette place, après qu'elle aura entendu fur cet objet les raifons des différens Ordres.

Sa Majefté charge ledit fieur de La Tour de déclarer à l'Affemblée, 1°. qu'elle peut avoir fon recours, foit auprès de Sa Majefté, foit pardevant les prochains Etats généraux, fur les objets délibérés dans les derniers Etats, fans qu'elle puiffe faire aucune proteftation contre les délibérations des Etats généraux du Pays.

2°. Qu'elle ne doit s'occupper que des objets des délibérations des Etats qui peuvent intéreffer le Tiers-Etat, fans qu'elle puiffe délibérer directement ni indirectement fur tout autre objet, fous prétexte de corrélation ou de connexité.

3°. Que les Mémoires, qui feront déterminés par l'Affemblée, doivent être remis au Sr. de La Tour, qui les fera parvenir à Sa Majefté, laquelle fera connoître fes intentions.

Sa Majefté recommande au furplus au Sr. de La Tour, d'employer les voies de fageffe & de fermeté qui peuvent être utiles ou néceffaires pour infpirer l'efprit d'ordre, & maintenir la tranquilité dans l'Affemblée.

Fait & arrêté par le Roi, étant en fon Confeil tenu à Verfailles, le dix Avril mil fept cent quatre-vingt-huit. *Signé* LOUIS. *Et plus bas*, LE BARON DE BRETEÚIL.

Relation faite par M. l'Affeffeur d'Aix, Procureur du Pays.

Mr. Pafcalis, Affeffeur d'Aix, Procureur du Pays, a dit :

La juftice du Souverain permet aujourd'hui que le Tiers-Etat, inftruit des délibérations de l'Affemblée des Etats, & de tous les autres objets qui y ont été référés, veille à la confervation de fes droits, & préfente fes très-humbles fupplications aux pieds du Trône.

Quoique le Procès-verbal de l'Affemblée des Etats ait été publié, & que chacun de vous ait pu s'inftruire de tout ce qui y a été référé, nous allons, dans une briéve analyfe, vous rappeller la marche des opérations & les principales difpofitions.

Nous fupprimons le détail des cérémonies, & des divers Réglemens qui ont été faits, tant pour les chemins, que pour l'Adminiftration intermédiaire, & pour la formation des Affemblées de Mrs. les Procureurs du Pays nés & joints : Vous aurez occafion de les connoître, fans que nous en furchargions notre relation.

Nous nous contenterons donc de vous obferver, MESSIEURS, que les pouvoirs des Membres du Tiers-Etat légitimés, & les Députés des Vigueries de Grasse, Toulon, Digne & St. Maximin, admis, attendu les circonstances, & sans préjudice des Réglemens, nous requîmes, pour la conservation du droit des Etats, que Mrs. les Syndics de la Noblesse certifieroient les Etats de la légitimité des pouvoirs & des qualités de Mrs. les Gentilshommes qui y sont présens; & que Mrs. les Syndics de la Noblesse déclarerent que les pouvoirs & les qualités de tous les assistans, dans l'Ordre de la Noblesse, étoient légitimes.

Les Etats ainsi formés, la prestation du serment fut déterminée par forme de Réglement. Et tout de suite on s'occupa des affaires.

Monseigneur l'Archevêque d'Aix, présenta un Mémoire de Sa Majesté sur la formation des Etats, qui lui avoit été remis par MM. les Commissaires du Roi, lequel Mémoire annonçoit que la Noblesse étoit disposée à réduire le nombre de ses voix à la moitié de celles du Tiers-Etats, & qu'il sera nécessaire d'augmenter les voix du Clergé pour les mettre dans la même proportion, & que Sa Majesté entend qu'il ne sera rien changé à l'ancienne formation des Etats, dans tout ce qui n'a point rapport à la proportion des voix des différens Ordres.

Mémoire de Sa Majesté sur la formation des Etats.

La lecture de ce Mémoire faite, on nomma des Commissions, on confirma les Officiers du Pays. Il fut déterminé qu'à l'avenir, les voix des deux premiers Ordres seroient égales en nombre à celles du Tiers.

Séance du Syndic.

Il fut requis de nommer un Syndic du Peuple, qui prît féance aux Etats, comme il l'avoit aux Etats de 1639. Et il fut déclaré qu'il n'y avoit lieu de délibérer en l'état, fauf d'y ftatuer le cas échéant.

Députation des Vigueries.

La députation des Vigueries fit encore matiere de réclamation. Il étoit queftion de favoir fi les Vigueries avoient la faculté de nommer tel Député qu'elles jugeroient à propos, membres & poffédans biens de la Viguerie, ou fi l'on feroit rouler les différentes Communautés, fauf d'en cumuler deux ou trois, lorfqu'elles n'auroient pas un certain affouagement.

Tous les Ordres mirent un grand intérêt à la décifion de cette queftion, & il fut délibéré de confulter toutes les Communautés de la Province, & d'avoir leur vœu, fauf d'être ftatué aux prochains Etats. Monfeigneur l'Archevêque d'Aix rédigea lui-même la lettre. Les Communautés que vous repréfentez l'ont déja reçue : vous avez pu vous convaincre que les motifs des deux opinions y font rappellés avec précifion, & avec impartialité.

On en vint enfuite aux demandes de Sa Majefté.

Demandes de Sa Majefté.

1°. Le Don gratuit.

2°. Trente-cinq mille livres pour la Milice.

3°. La Capitation.

4°. La prorogation du fecond Vingtieme jufqu'en 1792 inclufivement, & l'augmentation des Vingtiemes à raifon d'un million cent quarante mille liv. pour chacun des deux Vingtiemes, & de deux cent vingt-huit mille livres pour les quatre fols pour livre du premier Vingtieme.

Le Don gratuit fut accordé & porté comme à l'ordinaire à fept cent mille livres. *Don gratuit.*

Les trente-cinq mille livres concernant les Milices le furent auffi, fauf de repréfenter à Sa Majefté que cette contribution ne devoit plus avoir lieu depuis le tirage effectif des Milices; & que les dettes contractées par le Gouvernement pour les anciens armemens & équipemens des Milices, qui ont été le motif pour continuer la demande de cette contribution, devroient avoir été acquittées en entier depuis l'année 1776, époque depuis laquelle la fomme de trente-cinq mille livres a été payée annuellement pour l'acquittement de ces dettes. *Milices.*

La Capitation fut confentie comme à l'ordinaire. *Capitation.*

Et quant à la prorogation des deux Vingtiemes & l'augmentation du prix de l'abonnement des deux Vingtiemes & des Quatre fols pour livre du premier Vingtieme, il fut délibéré d'offrir à Sa Majefté, pour les années 1788, 1789, 1790, 1791 & 1792, une fomme nette de trois cent cinquante mille livres pour chacune defdites années, en fupplément à l'abonnement des Vingtiemes actuellement perçus, fous la réferve de faire valoir en tout tems les *Prorogation des deux Vingtiemes.*

droits, franchifes, ftatuts, privileges & coutumes du Pays, & notamment ceux concernant le prix du fel ; & que ce fupplément d'abonnement cefferoit en l'année 1792, & en même tems que le fecond Vingtieme, fans qu'aucune portion defdites trois cent cinquante mille livres pût être portée alors en fupplément de l'abonnement du premier Vingtieme, même fous prétexte des Quatre fols pour livres; & il fut délibéré de repréfenter à Sa Majefté que cette augmentation eft le plus grand & le dernier effort que les Etats puiffent faire.

Médailles.

Les Etats voulant marquer l'époque de leur rétabliffement par les preuves de leur zele pour le bien de l'Etat, & confacrer à la poftérité leur amour pour un Roi jufte, & leur reconnoiffance pour un Miniftre dont les Confeils ont affuré le fuccès des réclamations du Pays, délibérerent de faire frapper une médaille, en mémoire du rétabliffement des Etats; d'offrir une médaille d'or à Monfeigneur l'Archevêque de Sens, Miniftre principal; & defirant confacrer la reconnoiffance du Pays pour tous les bienfaits de Monfeigneur l'Archevêque d'Aix, les Etats délibérerent par acclamation de lui préfenter également une médaille d'or.

Epoque de l'Affemblée des Etats.

Le bien du Pays exigeant l'Affemblée des Etats chaque année, il parut à propos de fupplier Sa Majefté d'en fixer l'ouverture du 15 Novembre au 10 Décembre.

Mémoire concernant un

MM. les Commiffaires du Roi donnerent enfuite un nouveau Mémoire, pour fervir de fupplément

supplément d'inftructions, concernant un nouvel *nouvel emprunt*
emprunt de trois millions. Il fut en conféquence *de trois mil-*
délibéré d'accorder à Sa Majefté le crédit du *lions.*
Pays pour un emprunt de trois millions de
livres au denier vingt, avec exemption de la
retenue des Vingtiemes & Sols pour livres, &
de toutes autres impofitions royales & provinciales, de confentir que cet emprunt fût joint
à la dette reftante des précédens emprunts,
pour ne former enfemble qu'un feul emprunt,
auquel il fera affecté pour le paiement des intérêts & le rembourfement fucceffif des capitaux, un fonds de dix pour cent à retenir par
le Tréforier des Etats fur le montant des impofitions du Pays; & l'emprunt de trois millions rempli, d'ouvrir auffi-tôt un nouvel emprunt indéfini, à quatre ou quatre & demi pour
cent, dont les fonds feroient uniquement employés à rembourfer tous les capitaux empruntés
au denier vingt, fi mieux n'aimoient les ren-
tiers confentir la réduction de leur rente. En
confentant cet emprunt, l'exemption du droit
d'amortiffement a été affurée, non feulement au
tranfport de ces rentes, mais encore aux legs
faits à la Main-morte qui feroient acquittés avec
ces fortes de rentes.

Dans le cours des féances, les membres du *Syndic.*
Tiers-Etat en revinrent au Syndic des Communautés. Le Tiers prétendit qu'il étoit conftitutionnel, & qu'il devoit avoir féance dans les
Etats. La Nobleffe le contefta. La Commiffion
penfa qu'il étoit inutile de difcuter cette queftion; que c'étoit au Tiers à fe retirer pardevers
le Roi, pour obtenir de Sa Majefté la convo-

D

cation d'une Affemblée générale des Communautés, à l'effet de procéder à la nomination
d'un Syndic, fauf le droit des Etats. Et les Etats
déclarerent qu'il n'y avoit pas lieu de délibérer,
fauf d'y ftatuer, le cas échéant.

Droits de l'Affeffeur.

Dans la même féance, on s'occupa des droits
de l'Affeffeur d'Aix, Procureur du Pays. On
penfa que l'Affeffeur n'avoit pas le droit d'affifter aux Commiffions émanées des Etats. Mais
on reconnut qu'il pouvoit y être utile. On laiffa
à tous les membres quelconques des Commiffions la liberté de l'appeller par la voix de M.
le Préfident; que M. l'Affeffeur pourroit même,
après avoir prévenu M. le Préfident, fe préfenter à ces Affemblées, lorfqu'il croira que fes
obfervations peuvent être utiles fur les affaires
dont il aura pris connoiffance ou qui auront
été renvoyées à ces Commiffions par les Etats;
& qu'une fois admis, il pourra y demeurer
même pendant le cours des opinions.

Chemins.

Les Etats inftruits que Sa Majefté exigeoit
que l'on travaillât inceffamment au rétabliffement des chemins, & à tout ce qui concerne
le bien du Commerce, fe livrerent à un travail confidérable fur tout ce qui concerne les
travaux publics. Nous ne vous en faifons pas
le détail : Vous le verrez avec fatisfaction &
reconnoiffance dans le Cahier.

Nombre des des deux pre-miers Ordres fupérieur à ce-lui du Tiers.

Dans la féance du 24 Janvier, on renouvella
la queftion de la formation des Etats, relativement au nombre des Membres des deux premiers Ordres qui fe trouvoit fupérieur à celui
du Tiers.

Les Députés des différens Ordres confentirent refpectivement à ce que leur dire fût tranfcrit dans le regiftre.

Les Etats s'occuperent encore de divers Réglemens, l'un relatif aux chemins, l'autre à l'Adminiftration intermédiaire, & le troifieme concerne la formation des Affemblées de Mrs. les Procureurs du Pays nés & joints, qui furent indiquées aux premier Février, premier Juin & quatrieme Novembre. Dans ces Réglemens, on renforça l'Adminiftration intermédiaire de deux nouveaux Procureurs joints pris dans chacun des trois Ordres : ce qui fit matiere de réclamation de la part de la prefque totalité des Députés du Tiers.

Réglement fur les chemins, fur l'Adminiftration intermédiaire, fur la formation des Affemblées des Procureurs du Pays nés & joints.

Les Etats s'occuperent encore d'un Mémoire qui leur fut préfenté par les Députés aux Etats de la part des Communautés de la Viguerie d'Aix. Ils fe plaignoient de ce que la Viguerie d'Aix avoit été la feule qui n'eût point été affemblée depuis 1717.

Mémoire de la Viguerie d'Aix.

Nous avions prévenu la plainte en écrivant une lettre à toutes les Communautés du reffort, pour leur annoncer l'Affemblée de la Viguerie, immédiatement après les Etats.

Les Etats délibérerent en conféquence que toutes les Vigueries, fans en excepter aucune, & nonobftant tout ufage contraire, feroient affemblées au moins une fois l'an.

Taxe des Députés du Tiers.

Les Etats, fur les repréfentations des Dépu-

D ij

tés du Tiers, fixerent les frais de leur affiftance à fept livres par jour pour le féjour, à douze livres par jour pour les jours de voyage, tant en allant qu'en revenant, & à trois livres par jour pour les Valets-de-Ville & pour le nombre de jours effectifs feulement : Et il fut délibéré que pour cette fois feulement, les frais de députation feroient payés pour quarante-cinq jours, & à l'avenir pour trente, quand même les féances des Etats dureroient moins de tems.

Diminution de fept livres par feu.

Les objets d'impofition furent les mêmes que l'année d'auparavant. Les feux ne furent cependant portés qu'à neuf cent dix livres, quoiqu'ils fuffent à neuf cent dix-fept. On penfa que l'on pourroit gagner cette diminution fur la moindre dépenfe des cas inopinés.

Bâtards.

L'impofition pour les Bâtards fixa particuliérement l'attention des Etats. On reconnut l'impoffibilité de l'augmenter quant à préfent, quelque urgente qu'en fût la néceffité. Mais on délibéra d'avifer aux moyens de rendre cet établiffement plus utile à l'humanité, & moins onéreux au peuple.

Remerciement au nom des Etats à M. le Marquis de la Goa, héritier de M. le Marquis de Mejanes.

Un jufte fentiment de reconnoiffance porta les Etats de rendre un hommage public & folemnel à la mémoire de M. le Marquis de Mejanes. Inftruits du noble défintéreffement que M. le Marquis de la Goa, neveu & héritier de M. le Marquis de Mejanes, a montré dans l'exécution des difpofitions qui ont enrichi le Pays d'un dépôt précieux, ils délibérerent unanimement que M. le Marquis de la Goa feroit remercié au nom des Etats.

La contribution de la Nobleffe a été bornée au feul objet des bâtards & des chemins. Elle a offert cette contribution comme volontaire; favoir : pour les bâtards quatre mille livres; & quant aux chemins, elle n'a pas offert une fomme déterminée; mais elle a offert de payer, à raifon d'un Vingtieme, dans la proportion réglée provifoirement pour fa contribution à l'abonnement du droit fur les huiles, & à la conftruction du Palais; & ce aux conditions :

Contribution de la Nobleffe bornée aux Bâtards & aux chemins.

1°. Que cet arrangement & cette fixation feroient provifoires, & n'auroient lieu que juf-ques à ce que par l'opération conjointe de l'affouagement & de l'afflorinement, on pût connoître la valeur relative des biens nobles & des biens roturiers, & fixer d'après cette valeur la mefure de la contribution des biens nobles aux Vingtiemes, & aux autres objets auxquels ils contribuent; en ayant néanmoins égard, lors de la fixation des Vingtiemes, à la portion qui doit être appliquée à l'induftrie & à la valeur des maifons des Villes.

Conditions de la contribution fur les deux objets ci-deffus.

2°. Que fi par l'événement de la vérification relative des biens nobles & des biens roturiers, le Tiers a trop reçu, il reftituera ce qu'il aura reçu de trop, avec intérêt; & fi la Nobleffe a moins payé, elle payera ce qu'elle auroit dû payer de plus, auffi avec intérêt.

3°. Qu'on examinera dans les prochains Etats

les meilleurs moyens & les plus économiques, pour parvenir à l'opération conjointe de l'affouagement & de l'afflorinement; que cette opération fera commencée dès le premier mois de l'année 1789; & que fi elle n'étoit pas finie le premier juillet 1792, la Nobleffe cefferoit de contribuer à la dépenfe des chemins, fans que pour quelque motif & fous quelque prétexte que ce foit, elle puiffe être obligée de payer depuis l'époque du premier juillet 1792, jufques à celle où l'opération conjointe aura été finie.

4°. Que la Nobleffe, contribuant à la dépenfe des chemins, contribuera auffi, & tant feulement, à celle concernant les Ingénieurs, Sous-Ingénieurs & Infpecteurs; que leurs honoraires feront pris fur les fonds des chemins; fans que la Nobleffe, qui contribue volontairement & fans aucune obligation, & qui peut par conféquent borner & limiter les objets, foit tenue de contribuer à aucune autre dépenfe qui pourroit être regardée comme relative ou connexe aux chemins.

5°. Que la Nobleffe ne contribuera qu'aux feuls chemins des premiere & de feconde claffe, qui font à la charge du Pays, & qui doivent être délibérés & approuvés par les Etats; & qu'elle ne pourra jamais être obligée de contribuer à la dépenfe des chemins de Vigueries ou de Communautés.

6°. Qu'elle ne contribuera point au paiement du fonds, ni des intérêts, du million emprunté pour le chemin d'Avignon.

Ni des deux cens mille livres empruntées, ou qui ont dû l'être pour la route de Meyrargues.

Ni à aucune autre dette antérieure, s'il en exifte, concernant les chemins.

Ni au paiement des fommes qui peuvent être dues dans ce moment aux Entrepreneurs chargés des conftruction & entretien des chemins, s'il n'y a pas de quoi les payer fur les fonds échus, la contribution volontaire de la Nobleffe ne devant dater que d'aujourd'hui, & ne devant avoir aucun effet rétroactif.

Et qu'au moyen de ce, les foixante & douze mille livres prifes fur les fonds des chemins pour le paiement des fonds & des intérêts empruntés en 1777, ainfi que toutes autres dettes paffées & employées dans l'état de la dépenfe des chemins, en feront diftraites & féparées, à l'effet de ne pas faire maffe dans la dépenfe des chemins à laquelle la Nobleffe veut bien contribuer.

7°. Que le terrein noble, qui fera pris pour l'emplacement des chemins, fera payé.

Que s'il y a un chemin abandonné, le Seigneur aura la faculté de le prendre en paiement ou à compte, fuivant fa valeur, du prix du terrein noble occupé par le nouveau chemin, & que cet emplacement de l'ancien chemin deviendra noble, ou pourra fervir de matiere à compenfation, s'il eft aliéné ou donné à nouveau bail.

8°. Que le paiement des biens nobles pris pour l'emplacement des chemins fera pris fur les fonds des chemins, & que les Communautés ne continueront à payer que le prix des feuls biens roturiers.

Que la Nobleffe ne contribuant point à la dépenfe des chemins de Viguerie, on continuera de ne pas lui payer le prix des terreins nobles occupés par cette efpece de chemin.

Mémoire jufti-fcatif de la No-bleffe fur fa con-tribution à la dépenfe des Bâ-tards.

L'Ordre de la Nobleffe produifit un Mémoire fervant à juftifier que fa contribution à l'entretien des Bâtards n'étoit dictée que par un efprit d'humanité & de charité, & par forme d'aumône.

Réferve des Commandeurs de l'Ordre de Malte.

Mrs. les Commandeurs de l'Ordre de Malte adhérerent, fous la réferve de l'approbation de leur Supérieur, au vœu de l'Ordre du Clergé qui avoit offert de contribuer pour la moitié des quatre mille livres, avec déclaration qu'ils ne pouvoient confentir à aucune contribution avant d'être inftruits du vœu de la premiere Affemblée du Clergé.

Enfin la Nobleffe obferva que fes offres n'étoient fufceptibles d'aucune réferve de la part du Tiers ; qu'il devoit les accepter ou refufer purement & fimplement, & qu'en cas de réferve ou de reftriction, elle les rétractoit.

Obfervations du Tiers.

Le Tiers répondit que dans la fituation malheureufe où il fe trouvoit, depuis plufieurs fiecles, fupportant, prefque feul, tout le fardeau des impofitions,

pofitions ; ayant été obligé de contracter des dettes énormes, tant pour le fervice de fes Maîtres, que pour le bien & l'utilité générale du Pays, il eft indifpenfable que les deux premiers Ordres viennent à fon fecours, & qu'ils participent à toutes les charges qui doivent regarder les Sujets du même Souverain, & les Membres d'une même Adminiftration.

Qu'en conféquence, la contribution offerte, ne portant que fur la dépenfe des chemins & fur l'entretien des Bâtards, ne lui paroiffoit pas fuffifante; qu'il ne peut l'accepter qu'avec la réferve expreffe de déférer à la juftice & à la bonté paternelle de Sa Majefté fes repréfentations, tant pour faire porter les contributions des deux premiers Ordres *fur les divers objets qui doivent les concerner*, que pour en faire déterminer la quotité, relativement à la valeur de leurs poffeffions.

M. l'Archevêque d'Aix, après avoir configné le defir qu'il auroit eu que les trois Ordres euffent pu fe concilier fur les objets dont il vient d'être fait mention, fit faire lecture d'un Mémoire en forme d'inftruction, qui lui avoit été remis par Mrs. les Commiffaires du Roi.

Il feroit trop long, MM, de vous donner le détail de ce Mémoire: vous le trouverez dans le cahier des Etats.

Lecture du Mémoire renfermant les intentions de Sa Majefté.

Nous ne devons cependant pas vous diffimuler que quelques-unes des prétentions du Tiers font condamnées; que Sa Majefté témoigne qu'il eût été à defirer qu'on ne fe fût pas agité fur d'autres. Et elle ajoute qu'elle penfe qu'elle ne pourroit elle-même donner atteinte à toutes les Loix, Statuts, Délibérations & ufages du Pays, & aux titres les plus conftans & les plus folemnels; & qu'une femblable révolution dans l'état des biens & des perfonnes exigeoit les plus grandes & les plus importantes réflexions, fur les principes de tous les genres d'impofition, & fur les effets qui peuvent en réfulter dans les différentes Provinces.

Que cependant Sa Majefté defire que fes Commiffaires puiffent faire ufage de cette difcuffion, pour procurer quelque foulagement aux Communautés. Et à la fuite, de ce defir bien exprimé, Sa Majefté indique les impofitions du Pays pour les Chemins & pour les Bâtards.

Quant à ce dernier article, Sa Majefté ajoute qu'elle eft perfuadée qu'aucun des Ordres ne réclamera l'exemption d'une chargè, qui n'eft qu'une œuvre de charité & d'humanité.

M. l'Archevêque demande au Tiers s'il accepte les offres des deux premiers Ordres.

Après la lecture du Mémoire, M. l'Archevêque demanda aux Députés des Communautés, s'ils vouloient accepter les offres des deux premiers Ordres.

Réponfe du Tiers.

Les Députés des Communes répondirent que les moindres témoignages de la volonté de leur Souverain feroient toujours pour eux des Loix facrées; mais qu'ils efpéroient de fa bonté, qu'il voudra bien accueillir leurs refpectueufes repréfentations, & faire porter les contributions des deux premiers Ordres *fur les divers objets auxquels ils doivent participer.*

L'Ordre de la Nobleffe manifesta à son tour les fentimens de zele dont elle a toujours été animée pour le fervice du Roi & le bien de l'Etat, renouvella fes offres de contribuer volontairement pour les chemins de premiere & de feconde claffe, & de faire pareillement une aumône pour l'établiffement des Enfans-Trouvés, aux conditions portées dans fon Mémoire ; conditions qu'il déclara inféparables defdites offres : Et dans le cas où le Tiers y mettroit quelque obftacle, quel qu'il fût, par des réferves ou des proteftations, même vagues & fans objet fixe, il pria MM. les Commiffaires du Roi de rendre compte à Sa Majefté & à fon principal Miniftre de la bonne volonté permanente de fon Ordre & des obftacles infurmontables que l'Ordre du Tiers a mis aux effets qu'elle pouvoit produire.

Infiftance de la Nobleffe. Elle renouvelle fes offres.

Les Etats s'occupèrent encore d'un Arrêt du Confeil qui permet aux Puiffances neutres d'approvifionner nos Ifles.

Arrêt du Confeil qui permet aux Puiffances neutres d'approvifionner nos Ifles.

D'un Mémoire fur les inconvéniens réfultans pour le commerce, des différens droits exceffifs établis fur le tranfport & fur l'entrée & la circulation des vins à Marfeille.

Mémoire fur l'entrée des vins à Marfeille.

De la franchife du Port de Marfeille.

Franchife du Port de Marfeille.

Du droit de foraine perçu fur les marchandifes entrant ou fortant de la Province.

Droit de Foraine.

E ij

Arſenal de Marſeille. De la reſtitution des ſommes que le Pays avoit fournies au Gouvernement, pour la conſtruction de l'arſenal de Marſeille.

Pozzolane. Du droit impoſé ſur la pozzolane étrangere.

Evocation de M. le Marquis de Bandol. D'une évocation déclarée par M. le Marquis de Bandol, plaidant contre ſa Communauté, ſur les réparations de la fontaine publique.

Commiſſion de Valence. De la Commiſſion de Valence.

Objets non alloués dans le Compte du Pays. Des objets mis en ſouffrance, & non alloués par la Cour des Comptes, dans le compte du Tréſorier du Pays.

Etabliſſement pour les réclamations contre les Fermiers. De l'établiſſement d'un centre de correſpondance, pour procurer au Peuple une défenſe & un appui toujours préſent, contre les vexations des Fermiers.

Affouagement & afflorinement. De l'affouagement & de l'afflorinement général : que cette opération conjointe commencera au premier mars 1789, & que dans l'intervalle, l'Adminiſtration intermédiaire préparera les connoiſſances & les moyens pour rendre l'opération la plus exacte, la plus prompte & la moins diſpendieuſe.

Des Magiſtrats du Parlement & de la Cour des Comptes furent priés de faciliter le travail par leurs lumieres, & par leurs talens.

Droit de compenſation. Il parut également intéreſſant de concerter les arrangemens à prendre pour le droit de

compenfation des biens nobles avec les biens
roturiers.

MM. les Magiftrats, tant du Parlement que
de la Cour des Comptes, qui avoient été priés
de s'occuper de l'article vraiment intéreffant qui
concerne les bâtards, le furent auffi de préparer avec l'Adminiftration intermédiaire les
moyens de mettre les Etats prochains à même
de prendre fur ces deux objets une Délibération
éfléchie.

Les Etats nommerent enfuite M. de Barras-
Melan pour affifter à l'audition du compte du
Pays, le fieur de Baux, Maire de Saint-Maximin,
& le fieur Charles, Maire de Brignoles.

Députés pour l'audition du compte du Pays

Ils pourvurent également à l'exécution de la
fondation de M. de St. Vallier.

Fondation de St. Vallier.

La dotation de dix mille livres fut adjugée
à Mlle. de Coriolis de Puymichel.

La dotation fpirituelle à Mlle. des Michels.

Et la place de Penfionnaire dans un couvent,
qui devoit vaquer le 23 juillet 1788, à Mlle.
de Jaffaud-Thorame.

On procéda à la nomination de MM. les
Procureurs joints de chaque Ordre.

Dans l'Ordre du Clergé :

Monfeigneur l'Evêque de Fréjus.

Nomination des Procureurs joints de chaque Ordre.

Monſeigneur l'Evêque de Senez.

Dans l'ordre de la Nobleſſe :

M. de Lombard de Gourdon.
M. de Villeneuve de Bargemon.

Et pour le Tiers-Etat.

Les Communautés de Forcalquier & de Siſteron, qui étoient de tour.

Procureurs joints renforcés de chaque Ordre.

MM. les Procureurs joints renforcés.

Dans l'Ordre du Clergé :

Monſeigneur l'Evêque de Digne.
M. le Commandeur de Beaulieu.

Pour l'Ordre de la Nobleſſe :

M. de Caſtellane-Mazaugues.
M. de Sade d'Eyguieres.

Et pour le Tiers-Etat :

Les Communautés de Graſſe & d'Hieres.

Relation de M. l'Aſſeſſeur.

Dans le cours des ſéances, nous fîmes la
relation des affaires dont MM. les Procureurs
du Pays s'étoient occupés pendant le cours de
leur Adminiſtration. Quelques articles furent
relevés par les Etats. On jugea entr'autres, qu'il
étoit inutile de faire mention de l'Arrêt rendu
par la Cour des Comptes le   qui
jugea que pour parvenir à la compenſation,

il ne fuffifoit pas que le Seigneur répondît de
la ftabilité des biens pendant dix années, mais
encore qu'il ne falloit pas qu'ils fuffent expofés
aux ravages des eaux.

Dans l'intervalle des féances, les Etats re-
çurent la nouvelle que Sa Majefté acceptoit
l'offre de trois cent cinquante mille liv. pour
l'augmentation des Vingtiemes, qu'elle accordoit
une remife de cinquante mille livres pour cette
année, & un fecours de pareille fomme pour
les Communautés ravagées.

*Remife de cin-
quante mille li-
vres, & fecours
de cinquante
mille livres pour
les Communau-
tés ravagées.*

Et les Etats, acceptant avec reconnoiffance
la remife accordée par Sa Majefté, & après
avoir témoigné les fentimens dûs au zele &
aux foins de MM. les Commiffaires du Roi,
& de Monfeigneur le Préfident pour les intérêts du Pays, prierent mondit Seigneur le Préfident de vouloir bien remettre fous les yeux
de Sa Majefté & de fes Miniftres les motifs
contenus dans la Délibération du 14 de ce
mois; de lui repréfenter que, ces motifs étant
les mêmes pour les années à venir, les Etats
ont lieu d'efpérer de la juftice & de la bonté
du Roi, qu'il accordera la même remife, pour
chacune des années pour lefquelles ils ont offert
le fupplément à l'abonnement; avec d'autant
plus de raifon, que cette remife devient plus
néceffaire par la dépenfe qu'occafionnent l'affouagement & l'afflorinement général.

Enfin on procéda à la nomination des Députés, pour préfenter à Sa Majefté le Cahier
des Etats.

*Nomination
des Députes
pour préfenter
le Cahier.*

40

La Députation délibérée, M. l'Evêque de Sifteron fut député pour le Clergé, M. de Vin-
timille de Figanieres pour la Noblesse , M.
Lyon de St. Ferreol, Député de la Viguerie
d'Aix, pour le Tiers-Etat, & Monseigneur le
Préfident fut fupplié de vouloir bien fe joindre
à cette députation , & de préfenter à Sa Majefté le Cahier des Etats & la Médaille d'or
qu'ils ont délibéré d'offrir.

Avant de fe féparer, les trois Ordres délibérerent par acclamation, de fe rendre chez
Monfeigneur le Préfident, pour lui renouveller
l'hommage de leur reconnoiffance de tous les
fervices qu'il a rendus au Pays, & notamment
pendant le cours des Etats.

Relation de ce qui s'eft paffe à l'Affemblee de la Viguerie d'Aix , que MM. les Confuls & Affeffeur d'Aix font chargés de faire.

Telle eft, MESSIEURS, l'analyfe de ce qui
s'eft paffé dans les Etats.

La Viguerie d'Aix ayant été enfin convoquée,
nous nous fîmes un devoir de lui donner connoiffance des principales délibérations des Etats.

Nous lui obfervâmes qu'elle devoit fignaler
l'époque, pour ainfi dire, de fa refurrection par
la fageffe de fes obfervations, par la modération avec laquelle elle les préfentera à l'Affemblée du Tiers; qu'elle ne devoit pas perdre de
vue qu'elle repréfentoit une portion confidérable
du peuple ; que les poffeffeurs du cinquieme
des biens du Pays lui avoient confié leur intérêt; que ces intérêts font chers à plus d'un titre; que ce feroit les compromettre, que d'é-
lever des difficultés de forme, ou qui ne feroient pas vraiement intéreffantes, ou de ne pas
s'afervir

s'affervir à ce refpect & à cette foumiffion qui fait l'un des principaux devoirs du Peuple.

Nous avons vu avec fatisfaction que la Viguerie, en vous propofant fes vues, a très-bien diftingué ce qui concernoit les contributions, objet vraiement jaloux, de ce qui pouvoit avoir rapport aux autres difficultés qui fe font élevées dans le fein des Etats, & qu'elle a mis dans fes obfervations la fageffe & la retenue que l'on pouvoit fe promettre.

Elle a chargé MM. les Confuls & Affeffeur d'Aix, Chefs de Viguerie, de référer à l'Affemblée du Tiers la néceffité qu'il y a pour le Peuple, ou foit pour le Tiers-Etat, de lui nommer un Syndic.

Le danger d'établir ce Syndic à perpétuité.

L'avantage de ne lui donner de pouvoir, que pendant un tems limité.

Le droit vraiement conftitutionnel qu'a ce Syndic d'avoir féance aux Etats, fans voix délibérative, comme il l'a eue depuis fon établiffement, jufqu'aux derniers Etats de 1639.

La prétention de l'Ordre du Clergé, Clergé principal & indépendant du Clergé de France, comme le Pays eft Pays principal & principalement annexé au Royaume, de ne pouvoir confentir à aucune contribution, avant d'être inftruit du vœu de la prochaine Affemblée du Clergé de France.

F

La prétention de MM. les Commandeurs de
l'Ordre de Malte, de ne pouvoir confentir à
aucune contribution fans l'aveu de leur fupérieur. --- Prétention contraire à l'autorité des
Etats, ou qui ne tend à rien moins qu'à fubordonner leur autorité à des autorités abfolument
étrangeres au Pays.

La prétention de la Nobleffe qui regarde
comme privilege de fon Ordre, l'exemption de
toutes charges, même des charges communes;
& qui, fous prétexte qu'elle contribue volontairement à la dépenfe des chemins & des bâtards, a furchargé cette contribution prétendue
volontaire, d'une foule de conditions dont les
unes font trop prévoyantes, dont les autres
tendent à foulager cet Ordre de toute contribution, fi l'opération conjointe de l'affouagement & de l'afflorinement n'eft pas confommée
le premier Juillet 1792; d'autres à faire profiter la Nobleffe des chemins dont une prévo-
yance bien entendue a accéléré la conftruction,
par des emprunts qu'il faut folder, & qui opé-
rent le même effet que fi l'on conftruifoit actuellement; dont d'autres font totalement deftructives de quelques unes des difpofitions de l'Arrêt du Confeil de 1702, qui fait l'une des loix
fondamentales du Pays, comme intervenue après
la difcuffion la plus profonde & l'examen le
plus réfléchi.

Que fi les deux premiers Ordres doivent contribuer à la dépenfe des chemins de Province,
ils ne doivent pas moins contribuer à la dépenfe
des chemins de Vigueries & de Communautés,

les uns & les autres fervant également à donner un plus grand prix aux denrées.

Que fuivant toutes nos Loix , & nos Loix
de tous les tems , la dépenfe des ponts & des
chemins n'a jamais été comptée au nombre
des charges roturieres , concernant uniquement
le peuple ; qu'au contraire toutes nos Loix ont
conftamment déclaré qu'il n'y avoit à cet égard
ni privilege , ni exemption.

De référer pareillement à l'Affemblée du
Tiers le taux de la contribution offerte par la
Nobleffe ; que cette contribution , qui doit être
proportionnée à l'importance de fes poffeffions,
devoit être déterminée fur fa contribution aux
Vingtiemes , fixée & refixée , après due difcuffion , depuis environ douze années.

Que la contribution de la Nobleffe à l'abonnement des huiles , qui fut portée au Vingtieme,
parce qu'elle eut pour bafe la confommation,
ne doit pas fervir de regle pour la contribution
de la Nobleffe aux chemins.

Que la différence qu'il y a de prendre l'une
ou l'autre bafe pour regle de contribution , eft
du plus grand intérêt , puifque en prenant la
regle de la contribution de la Nobleffe à l'a-
bonnement des huiles , elle ne paye que le Vingtieme , quand elle payeroit les deux quinziemes , en fixant fa contribution fur celle des
Vingtiemes.

Que la réferve de fe faire refpectivement raiſon du plus ou du moins, après l'opération conjointe de l'affouagement, même avec intérêts, n'eſt ni juſte ni légale; que quand les charges ſont diſtribuées parmi les différens Ordres par une regle établie, on la ſuit juſqu'à ce qu'une nouvelle regle lui ſuccede. Que d'ailleurs, il ſeroit à craindre qu'un Ordre, ſurchargé d'une maſſe d'arrérages ou d'intérêts, en fût tellement dérangé, que des vues de bien public en exigeaſſent la remiſe.

Qu'on le pratiqua de même, au grand détriment du Peuple, lorſqu'après ſoixante-ſept années de pourſuites, la Nobleſſe contribua à l'abonnement du droit ſur les Huiles. Les arrérages depuis 1715 montoient en principal à cent quatre-vingt-dix-neuf mille cinq cent livres, ſans compter les intérêts; & il fallut tout quitter pour le bien de la paix.

Que tout de même, qu'en fait de taille on impoſe ſur la répartition établie par le Cadaſtre, juſqu'à ce que le nouveau Cadaſtre ſoit reçu, on doit auſſi parmi les Ordres prendre pour regle de diſtribution la regle ſubſiſtante, juſqu'à ce qu'une nouvelle ſoit établie.

Que par l'événement des conditions que l'Ordre de la Nobleſſe a appoſées à ſes offres, elle ne contribue que pour environ quinze mille livres; qu'une ſomme auſſi modique eſt incapable de repréſenter l'intérêt de l'Ordre de la Nobleſſe dans la poſſeſſion des biens, & mieux encore dans l'Ordre de l'Adminiſtration.

Que la contribution à la dépenfe des Bâtards
eft encore moins proportionnée, puifque l'Ordre
de la Nobleffe n'a offert que quatre mille livres, fur cent cinquante que cet établiffement
précieux coûte toutes les années, ou même fur
les cent qui ont été impofées fur cet objet,
abftraction faite des arrérages d'environ quarante mille livres qui s'accumulent, depuis plufieurs années, fur cet objet important.

Que c'eft bien affez que le Tiers contribue
à une dépenfe qui ne devroit concerner que
Mrs. les Poffédans-fief, comme jouiffants des
épaves, de la déshérence, & de tous les droits
attachés à la Juftice, fans que le Tiers foit
obligé d'en payer la totalité.

Que Sa Majefté ayant annoncé qu'elle eft perfuadée qu'aucun des Ordres ne réclamera l'exemption d'une charge, qui n'eft qu'une œuvre
de charité & d'humanité, on ne devoit pas s'attendre que la Nobleffe réclameroit d'exemption
pour cette efpece de charge, moins encore
qu'elle refuferoit d'y contribuer dans la proportion pour laquelle elle contribue aux Vingtiemes, ou même dans la proportion pour laquelle elle offre de contribuer aux chemins.

De référer encore aux Communes, combien
il eft important que les deux premiers Ordres
contribuent à ce que l'on appelle dépenfes communes, & qui profitent généralement à tous.

Qu'il feroit à defirer que l'Affemblée du Tiers-
Etat en donnât le détail, dans un Mémoire bien

circonftancié, & qu'elle follicitât de la juftice de Sa Majefté une contribution de la part des deux premiers Ordres, fur le pied de leur contribution aux Vingtiemes.

Qu'il eft d'autant plus néceffaire que les deux premiers Ordres payent d'après cette regle, que le peuple, payant actuellement du tiers au quart de fon revenu, fans compter la dépenfe des Vigueries & celle des Communautés, il eft impoffible qu'il puiffe fupporter de nouvelles charges.

Que s'il exiftoit quelque exemption en faveur des deux premiers Ordres, elle cefferoit, vu l'état de détreffe du peuple.

Que dans les principes de notre Conftitution, qui ne font que les véritables principes du lien focial, on diftingue trois efpeces de charges : les charges nobles, les charges roturieres & les charges communes.

Que quant aux charges nobles confiftant au fervice militaire, qu'un nouvel ordre de chofes ne permet plus d'exiger en nature, on doit s'en repofer pour le remplacement, qui depuis le regne de Philippe le Bel jufqu'à nos jours s'eft vérifié en preftation pécuniaire, fur la fageffe de Sa Majefté; que l'intérêt de fes peuples eft cher à fon cœur; qu'il ne leur appartient point de fonder la profondeur de fes vues; & que lors même que les charges levées actuellement fur les peuples fe font accumulées au point de ne pouvoir plus recevoir d'accroiffement, ils doivent attendre dans un silence respectueux, les effets de la sollicitude paternelle de Sa Majesté.

Mais que quant aux charges communes, si leur peu d'importance dans le principe & la dépense qu'entraînoit le service militaire, n'exigerent pas qu'il en fût fait une juste répartition, leur immensité lui fait un devoir de solliciter aujourd'hui, de la part des deux premiers Ordres, une contribution qui devient autant indispensable par justice, que par l'état d'épuisement auquel le peuple de ce Pays se trouve réduit.

Principalement de référer à l'Assemblée du Tiers que les sommes offertes par les deux premiers Ordres, bien-loin de procurer au peuple ce soulagement que la tendre sollicitude de Sa Majesté se proposoit, la plus forte dépense que les Etat ont occasionnée, l'a absorbée, & que le rétablissement des Etats, qui devoit opérer ce soulagement, n'a au contraire servi qu'à aggraver les charges.

Que quoique les feux ayent été soulagés de sept livres, ce soulagement n'est qu'apparent : que les feux ne peuvent être diminués qu'autant que quelque article de dépense l'est ; mais que la dépense restant toujours la même, la diminution des feux n'aboutit qu'à opérer dans la recette un vuide auquel il faudra suppléer lors des prochains Etats, indépendamment de ce que la dépense de l'Assemblée des Communes absorbera une grande partie de cette diminution de sept livres par feu.

Qu'il eſt d'autant plus juſte que la contribution des deux premiers Ordres aux charges
communes porte ſur toutes les charges que
l'on peut ranger dans cette claſſe, & ſur le pied
de ſa contribution aux vingtiemes, que le calcul
le plus ſimple juſtifie que quand le peuple paye
du tiers au quart de ſon revenu, la Nobleſſe
ne paye que du quinze au ſeize.

Que cette diſproportion exige de la part des
Communes la plus grande attention ſur les droits
relatifs à la contribution; que ces mêmes droits,
qui ne ſont pas ſoumis à l'empire de la preſcription, ſont encore dans leur entier, comme
droits ſociaux & inaliénables.

Que par la même raiſon, les Communes doivent encore s'occuper de la contribution de la
Nobleſſe à l'impoſition connue ſous le nom
de *ſubſide*, à laquelle elle avoit été condamnée
par Arrêt du Conſeil du . . . . . qui, s'il n'a
point eu d'effet, ne doit pas moins en avoir
aujourd'hui.

L'Aſſemblée a encore chargé MM. les Chefs
de Viguerie d'engager les Communes à prendre
en conſidération la formation des Etats, celle
de l'Adminiſtration intermédiaire, & le tour de
rôle des Députés des Vigueries.

Qu'en l'état, l'Ordre de la Nobleſſe ne contribue que pour un trentieme, y compris ſa
contribution actuelle aux Vingtiemes, aux chemins, aux bâtards, à l'abonnement des droits
ſur les huiles, aux ſommes que le Corps des
Vigueries

Vigueries verſe dans la caiſſe du Tréſorier du
Pays; & cependant que ſon influence dans l'Adminiſtration abſorbe évidemment celle du Tiers;
& que c'eſt par conſéquent la Nobleſſe qui
diſpoſe dans les Etats, non ſeulement des affaires communes, mais même des objets qui
ne concernent que le Tiers, contre la diſpoſition des Lettres patentes de 1544.

Que les Communes prendront ſur ces derniers
points, ainſi que ſur tout autre, telle détermination que leur ſageſſe leur inſpirera; qu'elles
ſont ſurchargées depuis ſi long-tems, qu'elles
doivent attendre avec confiance, que Sa Majeſté,
qui s'occupe du ſoulagement de ſon Peuple,
lui donnera, dans les circonſtances, une nouvelle preuve de ſa protection.

La Viguerie nous chargea encore, MM.,
de demander à MM. les Syndics de la Nobleſſe
un extrait de leur Délibération concernant l'ordre
établi parmi MM. les Poſſédans-fiefs pour leur
entrée aux Etats, & de le référer à la préſente Aſſemblée, à l'effet qu'elle pût prendre
une détermination conforme à la juſtice, & à
ſes intérêts.

Nous nous conformâmes à ſes ordres : le 7
Avril, nous eûmes l'honneur d'écrire à MM.
les Syndics de la Nobleſſe, & nous les priâmes
de nous faire expédier l'extrait en queſtion,
ajoutant qu'il étoit à deſirer que le Gouvernement prononçant ſur tous les objets qui peuvent diviſer les différens Ordres, les prochains
Etats n'euſſent à s'occuper que de l'intérêt com-

G

mun; & qu'une confiance refpective affure enfin
les avantages que la fageffe du Gouvernement
fe propofe de procurer au Pays, & à tous
les Ordres qui le compofent.

La Viguerie alloit au-devant des difficultés
que l'affiftance de MM. les Poffédans-fiefs aux
Etats pouvoit occafionner; elle avoit penfé qu'au-
lieu de perpétuer les difficultés, il falloit qu'une
feule & même décifion en extirpât, s'il étoit
poffible, jufqu'au germe. Et c'eft dans cet objet,
qu'elle follicitoit l'extrait de· la Délibération de
la Nobleffe, afin que la préfente Affemblée la
connoiffant, pût, ou propofer fes objets de réclamation, fi elle en avoit quelqu'un à former,
ou donner à la formation projettée par l'ordre
de la Nobleffe une adhéfion qui prévînt de
nouvelles difficultés.

MM. les Syndics de la Nobleffe nous ont
répondu que leur ordre avoit unanimement
délibéré que l'Affemblée des Communes, & à
plus forte raifon celle des Vigueries en particulier, n'avoit pas le droit de s'entremettre dans
les arrangemens que l'Ordre a pu, ou qu'il
pourra prendre pour le choix de fes repréfentans
aux Etats, fur-tout après la réduction, qui ne
peut avoir lieu qu'autant que l'Ordre confervera
dans tous les tems la liberté de fe former de
la maniere la plus convenable aux circonftances,
aux loix de la juftice, & à fes vrais intérêts.
Et fur ces motifs, que vous pourrez apprécier,
l'extrait nous fut refufé.

Ce fera à vous, MM., à examiner fi

l'Ordre de la Nobleſſe a droit de ſe former dans les Etats, ſans que le Tiers, ſoumis pour ſa propre formation à l'inſpection de la Nobleſſe, puiſſe s'enquérir de quelle maniere MM. les Gentilshommes Poſſédans-fiefs doivent ou ne doivent pas aſſiſter ou rouler dans les Etats.

Enfin la Viguerie déclara qu'elle chargeroit MM. les Conſuls & Aſſeſſeur d'Aix, d'indiquer aux Communes, combien il eſt important de témoigner à Sa Majeſté la reconnoiſſance des Peuples pour le rétabliſſement des Etats, d'adreſſer des remerciemens à MM. les Commiſſaires de Sa Majeſté, à M. l'Archevêque d'Aix & à M. l'Intendant, ſi elle n'étoit perſuadée que le Tiers-Etat s'empreſſera d'exprimer que c'eſt à cet égard le vœu de ſon cœur.

La relation que nous venons de vous faire, tant de l'Aſſemblée des Etats, que des obſervations de la Viguerie d'Aix, exige, MM., la plus profonde réflexion.

M. Paſcalis, Aſſeſſeur d'Aix, Procureur du Pays, a demandé ſi tous MM. les Deputés des Communautés & des Vigueries qui doivent former cette Aſſemblée ſont arrivés, & s'ils ont remis les extraits des délibérations contenant leurs pouvoirs. *Légitimation des pouvoirs.*

Me. de Regina, Greffier des Etats, a dit : Tous MM. les Deputés des Communautés & des Vigueries ſont arrivés, & ont remis les extraits des délibérations contenant leurs pouvoirs, à l'exception de M. le Député de la Viguerie d'Annot, qui eft tombé malade à Barreme.

Les délibérations lues & examinées, les pouvoirs de tous les affiftans ont été déclarés légitimes.

L'ORDRE DU TIERS-ETAT, voulant confacrer par un hommage public & folemnel la jufte reconnoiffance dont il eft pénétré pour le Magiftrat-Citoyen qui autorife cette Affemblée, & qui dans l'exercice des fonctions pénibles & delicates de l'Homme du Roi, n'a ceffé, depuis plus de quarante années, de donner au Pays & à l'Ordre du Tiers en particulier, des témoignages du plus vif intérêt, & des preuves de la protection la plus fignalée.

A délibéré, par acclamations, de décerner à MONSEIGNEUR DES GALOIS DE LA TOUR une Médaille d'or, & l'a prié d'agréer cet hommage fincere d'un Ordre, qui veut tranfmettre à la poftérité la plus réculée un monument de fa reconnoiffance.

Mgr. des Galois de La Tour, après avoir remercié l'Affemblée des fentimens qu'elle vient de lui témoigner, & après lui avoir renouvellé les affurances de fon zele pour les intérêts du Pays & de l'Ordre du Tiers, a fait les plus vives inftances pour qu'il ne foit point frappé de Médaille.

L'Affemblée a déclaré, par acclamations, qu'elle perfiftoit dans la délibération ci-deffus,

& elle a prié Mgr. des Galois de La Tour de ne point refufer cette fatisfaction à l'Ordre du Tiers.

Mgr. des Galois de La Tour a infifté à ne point accepter cette Médaille.

Et au fortir de la féance, l'Affemblée en Corps s'eft rendue chez Mgr. des Galois de La Tour; elle l'a prié de nouveau de fe rendre aux defirs de l'Ordre du Tiers, & de ne pas le priver de l'avantage de tranfmettre à la poftérité fa fenfibilité & fa reconnoiffance.

Mgr. des Galois de La Tour a perfifté dans fon refus.

Et néanmoins l'Affemblée a prié MM. les Procureurs du Pays de fe charger de l'exécution de fa délibération.

Du fixieme dudit mois de Mai.

APrès la lecture qui a été faite par Me. Ricard, Greffier des Etats, du Procès-verbal de la derniere féance :

L'Affemblée, avant de commencer fes délibérations, a cru devoir s'occuper d'un objet cher au cœur de tous fes Membres, & qui ne peut qu'affecter leur jufte fenfibilité.

L'Affemblée témoigne fa fenfibilité & fa douleur fur ce dernier article des inftructions de Sa Majefté.

Ce n'eft qu'avec la plus profonde douleur, qu'elle a vu dans les inftructions du Roi, que Sa Majefté recommande à M. de La Tour, que l'Ordre du Tiers-Etat a le bonheur de voir au-

torifer cette Affemblée, » d'employer les voies
» de fageffe & de fermeté qui peuvent être utiles
» ou néceffaires pour infpirer l'efprit d'ordre,
» & maintenir la tranquillité dans l'Affem-
» blée. »

Elle fupplie Sa Majefté de rendre juftice à
fes fideles Communes, & d'être bien perfuadée
qu'aucun de leurs repréfentans ne s'eft écarté,
ni ne s'écartera jamais de cet efprit d'ordre,
fi néceffaire au maintien de toute Affemblée
publique;

Qu'ils fe portent à cette Affemblée, avec le
même efprit de paix & de tranquillité qui a
préfidé aux délibérations des Communautés &
des Vigueries dont ils exercent les pouvoirs;
& que fi l'on a pu infpirer à Sa Majefté des
préventions, la fageffe des délibérations par-
viendra aifément à les diffiper.

Que c'eft avec impartialité, que l'Affemblée
va s'occuper des droits du Tiers, & qu'elle efpere avec la plus intime confiance, que Sa Majefté accueillira avec bonté fes doléances & fes
réclamations.

Lecture d'un
Mémoire adreffé
aux Commu-
nautés par M.
l'Archevêque
d'Aix.
L'Affemblée a enfuite ordonné & entendu
la lecture du Mémoire, en forme d'inftructions,
adreffé aux Communautés qui entrent dans cette
Affemblée, par M. l'Archevêque d'Aix, Préfident des Etats, fuivant fa lettre du premier
Avril dernier, relativement aux plaintes des Députés du Tiers-Etat, fur ce qui s'étoit paffé dans
les Etats de Provence.

L'Affemblée defirant pourvoir au maintien des droits & privileges du Pays, affurer l'exécution des Loix qui leur fervent de bafe; confidérant, que, contre la difpofition formelle de l'Ordonnance de 1535, les Etats ont été convoqués, fans que Sa Majefté ait expédié des Lettres patentes de convocation, ou fans que lefdites Lettres patentes, fi elles ont été expédiées, aient été repréfentées aux Etats; qu'anciennement elles étoient repréfentées, lues dans la première féance, & enfuite dépofées au Greffe des Etats, où font confervées toutes les Lettres patentes pour la convocation des anciens Etats, ainfi que pour les demandes que Sa Majefté y faifoit faire.

Demande de l'Affemblée pour qu'à l'avenir les Etats foient convoqués en vertu de Lettres patentes, lues & remifes à leur Greffe.

Confidérant encore que la convocation de la préfente Affemblée des Gens du Tiers-Etat ayant été faite par Lettres patentes, la convocation de l'Affemblée des Gens des Trois-Etats ne devoit pas être faite dans une forme moins folemnelle.

A délibéré que Sa Majefté fera très-humblement fuppliée de vouloir bien ordonner que l'ancienne forme, confacrée par l'Ordonnance de Provence pour la convocation des Etats du Pays, continuera d'être gardée, & que dorénavant les Etats du Pays ne feront convoqués qu'en vertu de Lettres patentes, qui, après avoir été lues dans la première féance des Etats, feront enfuite remifes & confervées au Greffe defdits Etats.

Lecture faite de la Délibération prife dans *Motifs & rai-*

fons pour obtenir la permiffion de nommer un Syndic des Communautés. les Etats, fur la demande des Députés des Communautés, relativement à la nomination d'un Syndic, l'Affemblée confidérant que les inftruûions de Sa Majefté ne lui permettant pas de procéder, quant à préfent, à la nomination d'un Syndic qui veille à la confervation & à la défenfe des droits du pauvre Peuple, elle doit préfenter à Sa Majefté fes motifs & fes raifons pour avoir ce Syndic.

Qu'il eft bien certain que dans la fituation actuelle des chofes, le Tiers-Etat ne peut fubfifter fans Repréfentant & fans Syndic; que fans ce Syndic, c'eft un enfant livré à fa foibleffe, à fon ignorance, & à fon inexpérience.

Que les différentes Communautés doivent néceffairement avoir un point de correfpondance, un Acteur qui veille à la confervation de leurs intérêts, qui faffe valoir leurs droits, exerce leurs actions, & puiffe prendre en leur nom telle détermination que les Communautés ne peuvent pas prendre elles-mêmes, tant qu'elles ne font point affemblées.

Que le Tiers-Etat n'étant qu'un des Trois Ordres de l'Etat, il faut néceffairement qu'il ait un Repréfentant; & qu'il répugne à l'exiftence de tout Corps politique, qu'il fubfifte fans Repréfentant ou fans Syndic.

Que tous les Corps particuliers du Royaume, quoique correfpondans à l'Adminiftration générale, ont leur Adminiftration particuliere, & par conféquent des Adminiftrateurs qui veillent à leurs intérêts.   Que

Que l'Ordre du Clergé a son Agent, que l'Ordre de la Noblesse a le sien, que cet Ordre, dont les membres font très-instruits, & infiniment supérieurs en connoissances à ceux du Tiers, outre plusieurs Commissaires d'épée & de robe, a plusieurs Syndics.

Qu'il a même un Syndic de robe, pris dans l'Ordre des Avocats, qui jusqu'à ces derniers tems n'étoit nommé que pour trois années, & qui de nos jours a été établi perpétuel, afin que les affaires toujours dirigées par la même personne & sur les mêmes plans, fussent suivies & combinées d'après des principes toujours conformes.

Que dans l'Ordre de la Noblesse il existe des surveillans éclairés ; entr'autres MM. les Magistrats des deux Cours, presque tous possédans-fiefs ; de maniere que l'on retrouve sans cesse dans ce Corps, à côté de l'instruction & de l'honneur, le zele le plus actif, & le plus vigilant.

Que tandis que l'Ordre de la Noblesse a tous ces avantages, le Tiers, sans Syndic, n'auroit personne qui réunît sa confiance, qui fût chargé de la discussion de ses droits, de veiller au maintien des maximes de la taillabilité, de faire rentrer dans la masse des biens contribuables aux impositions pour les deniers du Roi & du Pays, un nombre considérable de possessions qui y ont été souftraites, par les malheurs des circonstances qui ont obligé les Communautés à aliéner leurs biens en franchise de taille, ou à

H

établir sur les biens, des levées universelles dont la Déclaration de 1764 ordonne le rachat

Que le Tiers auroit encore moins ce surveillant, dont le fameux Arrêt de 1702 reconnut la nécessité, pour s'occuper de l'article toujours critique de la compensation des biens nobles, ou pour suivre les procès actuellement pendans entre les différens Ordres, & dans les différens Tribunaux.

Que les mêmes motifs, qui en 1547 mirent les différens Ordres dans la nécessité de se nommer des Syndics, subsistent encore: les intérêts sont encore plus divisés aujourd'hui qu'ils ne l'étoient alors, & les contestations plus multipliées.

Que si l'Ordre le plus fort conserve encore ses Syndics & ses Représentans spécialement chargés de surveiller un régime qui ne contribue qu'à une petite portion des charges, on ne peut pas refuser le même avantage à l'Ordre le plus foible, & qui supporte à lui seul presque tout le poids des impositions.

Que MM. les Procureurs du Pays, constitués Procureurs des Gens des trois Etats, sont nécessairement Syndics des trois Ordres, & ne peuvent par conséquent réunir encore à cette qualité celle de Syndic particulier d'un Ordre.

Qu'ils le peuvent d'autant moins aujourd'hui, qu'on leur a reproché depuis long-tems d'avoir méconnu leur véritable prérogative de Procureurs des gens des trois Etats, pour se consti-

tuer Procureurs de l'un des Ordres, en devenant ses défenseurs particuliers.

Que le même motif qui ne fait pas adjoindre
à leurs fonctions celles de Syndic de la Noblesse, ne peut pas leur faire adjoindre celles
de Syndic du Tiers.

Que tout de même que parmi MM. les Syndics de la Noblesse, il n'y a point de Membres
du Tiers, il est juste que le syndicat du Tiers
ne soit pas déféré à des Membres de l'Ordre
de la Noblesse.

Que la nomination d'un Syndic ou d'un représentant a pour base la confiance du man-
dant; qu'il doit être choisi librement & volontairement par celui ou ceux dont il exerce
les pouvoirs, & que s'il n'est pas choisi librement, il ne peut plus avoir le caractere de
représentant de celui qui ne l'a pas nommé,
puisqu'il n'en a pas la confiance.

Que le Tiers-Etat devoit d'autant moins s'attendre à ne pouvoir pas procéder à la nomination d'un Syndic, que les Etats eux-mêmes
en avoient reconnu la nécessité, en indiquant
au Tiers de s'adresser à Sa Majesté pour obtenir l'Assemblée des Communes, dans laquelle
seule il pouvoit être nommé.

Que l'opération conjointe de l'affouagement
& de l'afflorinement, dont les Etats se sont
occupés, est une raison de plus pour ne pas

H ij

refuſer au Tiers le Syndic, dont ſa foibleſſe & ſon ignorance ſollicitent la nomination.

Que s'agiſſant de fixer l'eſtimation de la valeur réelle & actuelle de tous les biens & droits nobles, à l'effet de déterminer la proportion de la contribution de chaque Ordre, ſoit aux Vingtiemes, ſoit aux autres charges qui peuvent les concerner, il n'y a que le Syndic du Tiers-Etat qui puiſſe s'occuper de tous les détails relatifs aux intérêts de cet Ordre, dans une affaire ſi compliquée, & dont les ſuites vont décider de ſon ſort.

Que pour ſuivre une opération auſſi délicate & auſſi intéreſſante, il faut un Défenſeur qui réuniſſe l'eſprit de paix, la probité, les lumieres ſuffiſantes, & l'affection qu'inſpire la confiance.

Que des intérêts auſſi chers que ceux qui doivent décider de la proportion de la contribution éternelle des différens Ordres aux charges qui leur ſeront communes, ne peuvent pas être livrés; ni à l'inſpection des Procureurs du Pays, qui ne doivent plus s'occuper que des intérêts généraux, & qui d'ailleurs pris dans les différens Ordres ſont plutôt Juges ou Médiateurs des différends qui peuvent s'élever; ni aux connoiſſances trop ſouvent bornées de quelques Députés du Tiers, pris au haſard pour le tour de rôle de la procuration jointe & renouvellée chaque année; ni même à la ſollicitude de quelques Conſuls de Villes ou de Villages qui n'occupent leur place qu'une année, peu au fait de la difcuffion des grandes affaires , moins encore en état de développer avec clarté & avec étendue les principes. & les moyens dont il faudra s'occuper à raifon de l'opération conjointe.

Que la pofition du Corps de la Nobleffe eft bien différente. Adminiftré par des Syndics, des Commiffaires d'Epée & de Robe , tous doués des plus grands talens & des connoiffances les plus étendues , il a encore l'avantage d'un Syndic perpétuel , homme de loi , jouiffant à jufte titre de la plus haute réputation , qui depuis environ vingt années s'eft confacré à fa défenfe , qui dans l'intervalle de quinze années s'eft occupé plufieurs fois du projet de l'opération conjointe.

Que ces avantages font déja affez confidérables, fans que l'Ordre de la Nobleffe ait encore celui de fuivre une affaire auffi importante vis-à-vis du Tiers, celui-ci n'ayant d'autre Défenfeur que ceux qui font tout à la fois les Défenfeurs du Tiers & de la Nobleffe.

Qu'il importe effentiellement au Tiers que l'opération foit fuivie par un Défenfeur zélé qui ait les lumieres & les connoiffances qu'exige une opération auffi importante ; & qui puiffe au befoin, finon balancer celles du Syndic perpétuel de la Nobleffe , au moins furveiller les opérations, & prévenir, autant qu'il fera poffible , des inégalités dans l'eftimation ou des erreurs dans la maniere de procéder à la fixation de la valeur ; erreurs qui feroient une vé-

ritable plaie politique qui ne pourroit que def-
sécher le Corps du Tiers-Etat.

Que nulle raison d'intérêt public, d'ordre ou
de bien général, ne peut s'opposer à ce qu'un
Corps difperfé fe nomme un Syndic qui le re-
préfente, comme s'il étoit perpétuellement en
féance ; que l'ordre de la Nobleffe n'a également aucune raifon de s'y oppofer, & que le
Tiers-Etat, qui fans doute a des intérêts encore
plus chers que les fiens à conferver, ne peut
pas être traité avec moins de faveur.

Que le même fyftême d'égalité que l'on a
voulu conferver dans la formation des Etats,
exige que l'on donne à chaque Ordre, avec
les mêmes moyens de défenfe, les mêmes fecours ; & que quand le Tiers n'aura qu'un
Syndic qui ne fera pas perpétuel, tandis que
l'Ordre de la Nobleffe en a un qui l'eft, & des
Commiffaires d'Epée & de robe, il n'aura certainement fur l'Ordre de la Nobleffe aucune
forte d'avantage.

L'Affemblée efpere donc de la juftice de Sa
Majefté, qu'elle lui permettra de nommer un
Syndic, tel qu'elle fe propofoit de le nommer
aujourd'hui ; qui ait un efprit de paix, liant
dans les affaires ; qui ait les connoiffances néceffaires pour diriger les objets importans con-
fiés à fon zele ; en état de donner à la défenfe
du Peuple la clarté & la folidité dont elle eft
fufceptible, de fournir les Mémoires néceffaires
pour éclairer la juftice de Sa Majefté, avec
tout le courage que l'intérêt de l'Ordre le plus

foible exige, de rédiger les doléances & les repréfentations qui doivent être portées aux pieds
du Trône, & de fuivre tous les procès actuellement en inftance, avec l'attention que l'on doit
attendre du zele le plus épuré.

Et dans la ferme perfuafion que Sa Majefté
ne refufera pas à fon Peuple de Provence un
Défenfeur que les circonftances exigent, l'Affemblée déterminera quelles feront les inftructions
que fon Syndic doit référer aux Etats, afin que
ce Syndic une fois nommé, enfuite de la permiffion de Sa Majefté, il puiffe remplir fa
miffion & correfpondre à la confiance du Tiers,
qui foupire après fon exiftence & le fecours
de fes lumieres.

L'Affemblée a prié MM. les Procureurs du
Pays de référer les préfentes obfervations à Sa
Majefté, & de la fupplier, au nom de fes
fidelés Communes, de leur permettre de s'affembler un ou deux jours avant la tenue des
Etats, à l'effet de procéder à la nomination
dudit Syndic, & que ledit Syndic affiftant aux
Etats, fuivant l'antique ufage, puiffe y pourvoir à l'intérêt du Tiers, & principalement
coopérer pour lui aux arrangemens qui font
à prendre pour l'opération conjointe de l'affouagement & de l'afflorinement, ainfi qu'à tous
autres concernant l'intérêt du Tiers.

Lecture faite des Réglemens concernant l'Adminiftration intermédiaire, & pour la formation
des affemblées des Procureurs du Pays nés &
joints, des premier Février, premier Juin & qua-

Repréfenta-
tions fur la com-
pofition de l'Ad-
miniftration in-
termédiaire.

trieme Novembre, des délibérations des Etats
qui adoptent ces Réglemens, des obfervations
des Députés des Communes fur le renforcement
de l'Adminiftration intermédiaire, de la réponfe
des deux premiers Ordres, & qui porte entr'autres qu'on fuivoit les formes conftitution-
nelles obfervées *dans tous les tems* pour les Affemblées des Procureurs du Pays nés & joints,
& des Lettres patentes du 8 Mai 1543.

L'Affemblée, bien convaincue que cette af-
fertion n'eft point exacte ; que dans le principe,
l'Adminiftration intermédiaire étoit uniquement
confiée à M. l'Archevêque d'Aix & à MM. les
Confuls d'Aix, Procureurs du Pays.

Que les Lettres patentes du 8 Mai 1543,
expédiées *proprio motu*, donnent des adjoints à M.
l'Archevêque d'Aix & aux Confuls d'Aix, Procureurs du Pays ; qu'elles réglent le nombre de
ces adjoints, de maniere que celui du Tiers-Etat
étoit égal à celui des deux Ordres réunis ; qu'on
l'avoit toujours pratiqué de même dans toutes
les occaffions ou commiffions importantes.

Que les Lettres patentes de 1543 furent d'abord
exécutées littéralement ; que les Etats nommerent pour Procureurs joints un Prélat, deux
Gentilshommes, & trois membres du Tiers.

Que fi dans la fuite on ne nomma plus que
deux Procureurs joints pour le Tiers, ce fut
parce que fon Syndic, qui avoit féance & voix
délibérative dans toutes les Affemblées particulieres, le suppléa ; au moyen de ce le Tiers
avoit

avoit toujours dans l'Adminiſtration intermédiaire trois voix contre trois voix du Clergé
& de la Nobleſſe réunis.

Que ſi l'on avoit contrevenu quelquefois aux
Lettres patentes de 1543, en nommant deux
Procureurs joints pour le Clergé, on revint
deux fois à leur exécution ; & que ce ne fut
enfin que vers la fin du ſeizieme ſiecle qu'une
troiſieme contravention prit racine, & qu'on
continua de nommer deux Procureurs joints
pour le Clergé, qui ont ſubſiſté lors même que
le Tiers, n'ayant plus de Syndic, a ceſſé d'avoir
ce repréſentant que ſa foibleſſe lui rend eſſen-
tiellement néceſſaire.

Que ſi pendant l'Adminiſtration des Communes, le nombre des Membres de l'Adminiſtration intermédiaire étoit égal dans chaque
Ordre, & que le Tiers n'avoit par conféquent
que deux Adminiſtrateurs, quand les deux premiers en avoient quatre, l'intérêt du Tiers ne
pouvoit pas en ſouffrir, puiſque les délibérations des Aſſemblées particulieres devoient être
référées à l'Aſſemblée des Communes, qui avoit
la liberté de les approuver ou de les déſap-
prouver.

Que l'Adminiſtration intermédiaire n'étant
qu'une émanation de l'Adminiſtration générale,
l'égalité des repréſentans des différens Ordres,
que l'on a établi pour l'Adminiſtration générale,
néceſſite la même égalité dans l'Adminiſtration
intermédiaire : qu'il eſt évident que le même
principe qui ne permet pas aux deux premiers

I

Ordres d'avoir plus de repréfentans que le Tiers dans l'Adminiftration générale, ne peut pas permettre qu'ils en ayent davantage dans l'Adminiftration intermédiaire, & que la même égalité doit, par raifon de juftice & de néceffité, fe rencontrer dans la partie comme dans le tout.

Confidérant enfin que l'article 6 du Réglement pour la formation des Affemblées de MM. les Procureurs du Pays nés & joints, donne à MM. les Procureurs du Pays joints des deux premiers Ordres, le droit d'être fubrogés par MM. les Procureurs joints affiftans aux Affemblées renforcées, ce qui ne peut s'appliquer qu'aux Affemblées ordinaires, puifque MM. les Procureurs joints renforcés affiftent de droit aux Affemblées intermédiaires renforcées ; & que c'eft encore un avantage fur le Tiers, puifque fes Procureurs joints, Confuls des différentes villes du Pays, ne peuvent pas être préfens à Aix auffi fouvent que MM. les Procureurs joints renforcés de la Nobleffe, qui peuvent très-bien réfider à Aix, & qu'au moyen de ce le Tiers n'eft jamais à égalité dans les Affemblées particulieres avec MM. les Procureurs joints des deux premiers Ordres.

A délibéré de recourir à la juftice du Roi, & de faire article dans le Mémoire qui fera préfenté à Sa Majefté, aux fins qu'il lui plaife ordonner que les Lettres patentes, du 8 Mai 1543, feront exécutées fuivant leur forme & teneur; ce faifant, que l'Adminiftration intermédiaire fera compofée de cinq Procureurs du Pays nés, d'un Procureur joint pris dans l'Ordre du Clergé, de deux Procureurs joints pris dans l'Ordre de la Noblesse, & de trois Procureurs joints pris dans l'Ordre du Tiers-Etat; & que là où Sa Majesté trouveroit bon d'augmenter le nombre de MM. les Procureurs du Pays joints; que ledit nombre sera réglé en conformité des susdites Lettres patentes, de maniere que celui du Tiers-Etat, en y comprenant son Syndic, s'il y écheoit, soit égal à celui des deux autres Ordres réunis.

Comme encore, que MM. les Procureurs joints assistans aux Assemblées renforcées ne pourront point être subrogés à la place de MM. les Procureurs joints assistans aux Assemblées ordinaires.

Du septieme dudit mois de Mai.

APrès la lecture faite du procès-verbal de la derniere séance :

Lecture faite de la Délibération des Etats, relative au tour de rôle des Députés des Vigueries, & de la lettre circulaire adressée à toutes les Communautés par Monseigneur l'Archevêque d'Aix, Président des Etats, du 22 Janvier dernier,

Députation des Vigueries aux Etats.

L'Assemblée considérant que cette Délibération semble préjuger que si l'on ne s'en tient pas aux anciens Réglemens, on se contentera d'y apporter les modifications que les circonstances & le vœu général exigeront, & qu'il ne sera jamais question de l'abolir.

Que le tour de rôle déterminé par les Etats

de 1611 , n'eft pas celui auquel on voudroit
affervir les Vigueries.

Que leur intérêt exige qu'elles foient main-
tenues dans la liberté du choix de leurs Députés,
comme le feul moyen d'avoir des Repréfentans
qui réuniffent leur confiance.

Que de droit commun , & même de droit
naturel, tout Corps , & par conféquent tout
Ordre , peut choifir librement fes Repréfentans
& fes Mandataires.

Que ce droit a été fpécialement refpecté
dans les Affemblées provinciales.

Que Sa Majefté, dans les inftructions qu'elle
a données à la préfente Affemblée , le confirme
fpécialement pour l'Ordre de la Nobleffe , &
attefte qu'en nommant fes repréfentans , cet
Ordre a exercé le droit qui lui appartient de
régler leur élection.

Que Sa Majefté maintient la Nobleffe dans
le droit d'élire librement & volontairement fes
repréfentans aux Etats , fans que le Tiers-Etat
puiffe exercer d'autre droit que celui d'en connoître le nombre.

Que Monfeigneur l'Archevêque d'Aix l'avoit
déja annoncé dans fes inftructions aux différentes Communautés, en annonçant que la Nobleffe a le droit qui appartient à chaque Communauté d'élire fes Députés.

Qu'il eft de toute juftice, que fi l'Ordre du Tiers n'a pas le droit d'infpecter la formation de l'Ordre de la Nobleffe, l'Ordre de la Nobleffe n'ait pas le droit d'infpecter la formation de l'Ordre du Tiers.

Que dans une Affemblée de Pays d'Etat, libre & compofée de Citoyens, il ne peut y avoir ni deux formes, ni deux regles différentes, & qu'il eft impoffible que le Tiers ne jouiffe pas, pour fa formation, de cette liberté conftitutionnelle, & de droit naturel que l'Ordre de la Nobleffe n'a pas réclamé fans fuccès. Que par conféquent chaque Viguerie doit avoir la liberté de nommer tel Député, poffédant-bien dans fon Diftrict, qui réunira fa confiance.

A délibéré que la requifition en fera faite dans les prochains Etats.

M. Pafcalis, Affeffeur d'Aix, Procureur du Pays, a dit:

Vous avez vu dans le procès-verbal des Etats, pag. 275, que l'on y confirme la difpofition déja faite par l'Adminiftration du Pays, dans les années précédentes pour le chemin de la Valette à Souliers, d'une partie des remifes faites par Sa Majefté au Pays, pour les années 1790, 1791, 1792 & 1794.

Application des remifes fur le prix du fel, faite par les Etats au delà du tems pour lequel elles doivent avoir lieu.

La fomme appliquée à la remife de 1790, s'éleve à celle de trente-fept mille fept cent treize livres, & celles des années 1791, 1792 & 1794 à feptante-neuf mille trois cent cinquante livres.

Il ne peut y avoir de remife, qu'autant que les impôts fur lefquels elle eft prife fubfifteront ; & il eft bien évident que fi les impôts fur lefquels les remifes font accordées ne fubfiftent plus, il n'y aura plus de remife.

Ces remifes ont été accordées fur les deux fols pour livre, impofés par Sa Majefté fur le prix du fel, en différens tems, & ces fols pour livre ne doivent être levés que jufqu'en 1790.

L'Affemblée des Communes, les Etats, le Parlement, & tous les Corps du Pays, ont fi fouvent réclamé contre l'augmentation du prix du fel, qui porte un préjudice fi notable à l'agriculture, que l'Affemblée s'empreffera de prendre les moyens pour que les Etats prochains ne laiffent pas fubfifter la difpofition que nous venons de vous rappeller, & qui nous paroît contraire, à l'autorité du Pays qui accepta l'impôt, & à l'autorité du Parlement, qui ne l'enrégiftra qu'autant qu'il ne fera levé que jufqu'en 1790, & qui probablement n'enrégiftrera pas mieux tout nouvel impôt portant fur le prix du fel, que le Pays ne l'acceptera.

L'Affemblée a délibéré que le préfent article fera référé aux Etats, à l'effet qu'il foit appliqué d'autres fonds au lieu & place de ceux provenant de la remife du fel qui ne doivent plus fubfifter après 1790.

Demande de la contribution M. Pafcalis, Affeffeur d'Aix, Procureur du Pays, a dit :

L'objet des contributions a fixé, avec raifon, *des deux premiers Ordres à toutes les charges communes.* l'attention des Etats; & c'eft avec regret que nous vous annonçons que les Ordres n'ont pu parvenir à fe concilier. .

L'Ordre de la Nobleffe perfiftant à fuppofer qu'il jouit de l'exemption de toute efpece de charge, a offert, pour la dépenfe des chemins, une contribution libre & volontaire, & à des conditions dont nous avons donné le détail dans notre relation.

Et quant à la dépenfe qu'occafionne l'entretien des Bâtards, l'Ordre de la Nobleffe, réclamant toujours fa prétendue exemption, a offert de donner annuellement, & à titre d'aumône, une fomme de quatre mille livres.

L'Ordre du Clergé a offert la moitié de ces deux fommes.

Le Clergé, fous la réferve du vœu de la prochaine Affemblée du Clergé de France; & Mrs. les Commandeurs de Malte, fous la réferve de l'approbation de leurs Supérieurs.

Les inftructions particulieres des Communautés & des Vigueries, chargent leurs Députés de déférer à l'Affemblée cet objet important. Nous devons commencer par connoître ce qui s'eft paffé à cet égard dans les Etats; les raifons refpectives qui y font déduites vous mettront fans doute à même de donner un vœu également réfléchi, fage & modéré.

Lecture faite du procès-verbal des Etats depuis la page 246 jufqu'à la page 266.

L'Affemblée, bien convaincue que les charges de ce Pays font au-deffus des facultés des Contribuables ; que le feul Corps des Vigueries, payant annuellement plus de quatre millions trois cents mille livres, paye certainement au-deffus de toute proportion avec fes revenus.

Qu'indépendamment de cette fomme d'impofition, il faut encore acquitter celle des Vigueries, & celles qui font propres à chaque Communauté.

Qu'il ne faut pas juger du terroir de la Provence par la partie que l'on en voit, quand on la traverfe en voyage, ou à titre de curiofité ; qu'il n'eft pas extraordinaire de voir, furtout dans la Haute-Provence, qu'avec douze cent livres de revenu, procédant de biens roturiers, on paye quatre ou cinq cent livres de taille.

Que notre Conftitution, fondée fur les principes de toute fociété, n'a jamais admis d'exemption abfolue de toute charge en faveur d'un Ordre, au grand détriment de l'autre.

Que nous n'avons jamais connu que la diftinction des charges nobles & des charges roturieres.

Qu'outre ces différentes charges, nous en avons encore une troifieme efpece, appellée charges communes, pour lefquelles nos Loix, & nos Loix de tous les tems, n'ont jamais admis d'exemption.

Qu'en

Qu'en Provence, les personnes y font libres, & qu'il n'y a que les biens qui foient afservis aux différentes charges qui leur compétent, fuivant qu'ils font nobles ou roturiers.

Qu'il eft fort égal que le bien roturier foit poffédé par un Noble, ou le bien noble par un Roturier ; que quelle que foit la qualité du poffeffeur, c'eft la qualité du bien qui décide la nature de la charge, noble ou roturiere qu'il doit fupporter, fuivant qu'il eft noble ou roturier.

Qu'il y a une très-grande différence entre les charges impofées fur les biens nobles & les charges impofées fur les biens roturiers.

Que quand les biens roturiers payent au moins le tiers du revenu perçu par le propriétaire, le bien noble ne paye guère que du quinzieme au feizieme, & peut-être le vingtieme.

Que le poffédant-fief a toujours le plus grand intérêt à rejetter les charges fur le bien roturier, quelle que foit la quantité qu'il en poffede.

Que la répartition s'en faifant fur les feux, & fur la maffe des biens roturiers, la portion qui lui en revient, relativement à fes biens roturiers, eft toujours infiniment moindre que celle qu'il fupporteroit, fi la charge étoit réputée noble.

Que fi avant la fufpenfion des Etats, le Peuple ne réclamoit pas contre les deux premiers Ordres le fecours & l'affiftance qu'ils lui

K

prêtoient au befoin dans des tems plus loin-
tains, & dans des occafions rares alors, & de-
venues aujourd'hui dépenfes courantes; le droit
de demander une participation proportionnelle,
droit focial, inaliénable & toujours fubfiftant,
eft encore dans fon entier.

Que fi ce même droit n'avoit jamais exifté,
il faudroit l'établir, dès que l'Ordre, perpétuellement payant, eft réduit à l'impoffibilité
de payer davantage, ou même de payer encore.

Que le fervice militaire, charge jadis fi
pefante, a été fuppléé dans tous les tems par
une preftation pécuniaire en argent.

Que fi un nouvel ordre de chofes ne permet
plus de l'exiger en nature, on doit s'en repofer
fur la fageffe de Sa Majefté, & que les Peuples
de Provence attendront dans un filence refpec-
tueux les effets de fa follicitude paternelle, &
de participer au foulagement qu'elle a annoncé
pour fes Peuples.

Que ce foulagement eft d'autant plus néceffaire, qu'indépendamment de ce que les fonds
font furchargés, les Peuples de ce Pays n'ont
jamais profité de la reftriction qu'a reçue ailleurs le privilege de l'exemption des tailles.

Que s'en repofant avec confiance fur la juftice
de Sa Majefté, pour le remplacement des
charges nobles, qui ne pourra qu'opérer le foulagement des Peuples, on peut réclamer avec
confiance la contribution des deux premiers

Ordres pour tout ce qui eſt charges communes.

Que rien n'eſt plus ordinaire que de voir dans les anciens Etats, vrais modeles de toute Loi ſociale, la contribution des deux premiers Ordres à telle & telle autre charge, *attendu qu'elles ſont faites pour l'utilité générale . . . . à laquelle tous les Etats ont intérêt . . . . . . pour être leſdites ſommes employées aux affaires communes concernant les trois Etats du Pays.*

Que la contribution aux dépenſes communes ne ſauroit donc être libre & volontaire.

Que non ſeulement il n'y a jamais eu à cet égard d'exemption, mais qu'au contraire il a été décidé de tous les tems que la charge commune n'étant pas charge roturiere, les deux premiers Ordres ne pouvoient en être exempts.

Que c'eſt ſpécialement ce qui a été déterminé pour la dépenſe des chemins.

Qu'à la vérité, les deux premiers Ordres n'ont juſqu'à préſent rien payé pour cette dépenſe. Mais une poſſeſſion abuſive, ſoutenue par le crédit, & contre laquelle la foibleſſe n'auroit fait que des efforts impuiſſans, ne ſauroit être regardée ou comme titre, ou comme valant dérogation aux principes ſociaux.

Qu'on ne verra pas ſans étonnement, qu'on ait prononcé le mot de *Corvée* en Provence ; qu'il eſt injuſte que le Pays payant en argent pour conſtruire les chemins, on veuille encore obliger le Peuple à payer de fa perfonne, & changer ainfi la Conftitution, qui ne met pas au rang des charges roturieres, la dépenfe des chemins.

Qu'aucun titre n'en a exempté les biens nobles; au contraire le Jugement du Roi Réné les y foumet; & ce Jugement, fondé fur des principes éternels & invariables, n'a jamais été révoqué. Il eft incompréhenfible que les chemins profitant à tous, étant conftruits pour l'utilité & la commodité de tous, & donnant un nouveau prix à toutes les denrées, tous les Propriétaires n'y contribuent pas.

Que l'offre, prétendue volontaire, des deux premiers Ordres ne remplit pas à beaucoup près l'intérêt du Tiers. Sur quatre cent foixante mille foixante-dix-huit livres que coûtent les chemins, la Nobleffe offre environ dix-fept mille livres, quand fa portion fur le pied de fa contribution aux Vingtiemes, s'éleveroit à plus de foixante mille.

Que quant à la dépenfe concernant l'entretien des bâtards, & fur-tout ceux dont le pere n'eft pas connu; ces mêmes bâtards n'ayant d'autre pere que le Fifc, ce feroit au Fifc à les nourrir.

Que fi la Jurifprudence particuliere du Parlement de Provence a rejetté cette charge fur les Communautés, fur le fondement de l'Ordonnance de Blois, qui oblige toutes les Communautés à nourrir leurs pauvres, l'Ordonnance de Blois a été bien autrement interprétée par tous les autres Parlemens, & que par-tout ailleurs qu'en Provence, fi l'on en excepte quelques

Pays régis par des coûtumes particulieres, ce font les Seigneurs Haut-Justiciers, feuls héritiers des bâtards, & leurs peres civils, qui doivent fournir à leurs alimens ; & que ce n'eft par conféquent pas trop que de les faire contribuer, dans une jufte proportion de leurs poffeffions, à cette œuvre de charité.

Que fi les deux premiers Ordres doivent contribuer à la dépenfe des chemins , ils ne doivent point y ajouter des conditions, & furtout telles, qu'elles foient deftructives de notre droit municipal,

Qu'ils doivent encore moins fe difpenfer de contribuer aux dépenfes imprévues des ponts & des chemins, dont l'article premier du tit. 2 du liv. 2 du Réglement des chemins les difpenfe, en rejettant cette dépenfe fur les cas inopinés, auxquels ils n'ont pas voulu contribuer.

Qu'il eft incompréhenfible, que ce foit le Tiers-Etat qui paye à lui feul toutes les charges communes, telles que les frais de l'audition du compte, frais qui deviennent plus confidérables, au moyen des fommes verfées par la Nobleffe dans la caiffe du Pays , & référées dans le compte.

Les frais d'Adminiftration, port de lettres, tournées des fieurs Procureurs du Pays.

Les frais d'Affemblée & d'impreffion, des Agens à Paris.

Fournitures des frais de Bureaux, des procès

que l'intérêt du Pays exige de foutenir dans les différens Tribunaux.

L'entretien des bâtimens & des Archives.

Ces petits frais qu'entraîne la néceffité de fe procurer une plus prompte expédition.

Les gratifications, les aumônes, &c. &c. &c.

Que toutes ces dépenfes, & nombre d'autres de pareille nature, ne fe font vérifiées qu'après l'établiffement des Procureurs du Pays, furvenu en 1480, que l'Adminiftration commença de fe former, & qu'elle a eu les fuites & les progreffions où nous la voyons aujourd'hui.

Que dans le nombre de ces charges, on doit y comprendre les appointemens de M. le Gouverneur ; qui, fuivant l'Arrêt du Confeil de 1635, doivent être payés par les Etats., ou tout au moins les vingt-fept mille livres dont ils furent augmentés par ce même Arrêt du Confeil.

Que la contribution une fois jugée néceffaire, on doit la régler dès-aujourd'hui fur le pied de la contribution de la Nobleffe aux Vingtiemes. Que la contribution de cet Ordre, pour cette efpece de charge, eft la regle provifionnelle la plus fûre que l'on puiffe prendre.

Que tout autre qui expofe l'un des Ordres à payer une maffe d'arrérages, dangereufe en foi, l'eft bien davantage dans les circonftances.

Que toute charge, publique ou commune, devant être prife fur les fruits, la bonne Adminiftration exige qu'elles foient acquittées fur les fruits annuels, & qu'un Ordre ne foit pas plus expofé qu'un fimple Citoyen, à voir confommer fes fruits de plufieurs années, par des arrérages qu'il eût pu prévenir dans le tems.

Que l'offre de fe faire raifon du plus ou du moins, & après l'affouagement, ne convient ni à la qualité des parties, ni à leur pofition.

Qu'en 1760, le contingent de la Nobleffe à l'abonnement des deux Vingtiemes fut diminué de vingt mille livres, fans arrérages; qu'en 1776, il le fut encore de vingt-trois- mille livres, fans arrérages; qu'en 1782, le Tiers fut obligé de quitter cent quatre-vingt-dix-neuf mille cinq cent livres de principal, & les arrérages de foixante-fept années dus par la Nobleffe, du droit fur les huiles.

Que ce n'eft pas que l'on craigne l'événement de la vérification des feux & des florins; mais que cette vérification, épurée pour les deux Vingtiemes, ne feroit qu'une raifon de faire encore à la Nobleffe le même facrifiee qu'on fut obligé de lui faire en 1782.

Que la contribution du Clergé, réduite à la moitié de celle de la Nobleffe, eft évidemment fans proportion avec l'immenfité de fes poffeffions.

Que les inftructions de Sa Majefté pour la

répartition des Vingtiemes ont à cet égard
établi la regle de proportion que l'on fuit pour
les Vingtiemes, & qu'il feroit inconféquent de
ne pas fuivre pour les autres charges.

Que d'après ces inftruétions, le Clergé figu-
rant pour quatre cent dix mille livres, l'Ordre
de Malte pour dix-neuf mille huit cent treize
livres, les Hôpitaux pour vingt mille fept cent
feptante-deux livres, en tout quatre cent cinquante mille cinq cent quatre-vingt-cinq livres,
fur deux millions cinq cent huit mille livres,
c'eft environ pour un fixieme que le Clergé
figure dans la répartition des Vingtiemes; &
cependant il ne contribueroit que pour un
foixante-quinzieme à la dépenfe des Bâtards,
qui s'éleve à cent cinquante mille livres, & la
Nobleffe pour un trénte-feptieme & demi.

Que les offres de la Nobleffe ne s'élevent pas
au deffus de vingt ou vingt-deux mille livres;
que cette contribution fur la fomme exhorbi-
tante d'environ trois million cinq cent mille
livres, n'eft d'aucune efpece de confidération.

Quelle eft d'ailleurs abforbée par les plus
grands frais que les Etats ont occafionnés.

Que c'eft une vérité dont on fe convaincra
encore mieux lors des prochains Etats, & quand
il faudra fuppléer à la diminution de fept livres
par feu que les Etats ont adoptée, fans diminuer aucun objet de dépenfe.

Que l'on doit encore ranger dans la claffe
des

des charges communes, celle que nous connoiffons en Provence fous le nom de Don gratuit, & qu'il fuffit pour s'en convaincre d'en connoître l'origine.

Les Affemblées générales des Communautés, depuis la fufpenfion des Etats, accordoient annuellement, fur la demande du Roi, un Don gratuit de deux cent vingt mille livres, connu alors fous le nom de *quartier d'hiver*. Ce fubfide étoit deftiné à faire fubfifter les Troupes pendant l'hiver dans les pays conquis, & il eut lieu jufqu'à la paix des Pyrénées, conclue en 1660.

En 1661 furvint le fameux Edit du mois d'Août, qui augmenta confidérablement le prix du fel & en diminua la mefure. Pour compenfer une charge auffi aggravante, le Pays obtint de la bonté, de la juftice du Souverain l'exemption de différentes charges qu'il fupportoit auparavant; & entr'autres qu'il ne lui feroit plus demandé de Don gratuit.

L'Edit du fel, enrégiftré avec le confentement des Procureurs du Pays, auxquels l'Affemblée des Communautés en avoit donné pouvoir; on vit revivre en Provence le Don gratuit dont l'exemption avoit été acquife à titre onéreux.

L'affouagement n'avoit pas été renouvellé depuis 1471, & le Roi, à qui on avoit demandé plufieurs fois la permiffion d'y procéder, avoit renvoyé de prononcer fur la demande jufqu'à la paix.

L

La paix furvenue, le Roi donna Commiffion
en 1662 à M. le Premier Préfident d'Oppede
& autres de faire le réaffouagement du Pays.
MM. les Procureurs du Pays, inftruits d'une
commiffion directement contraire au droit des
trois Ordres, confirmé par plufieurs Lettres
patentes, & à l'ufage de tous les tems, firent
leurs remontrances, & obtinrent la convocation
d'une Affemblée en 1664.

Le Roi fit demander à cette Affemblée un
fecours ou don de quatre cent mille livres pour
les armemens de mer; l'Affemblée refufa d'abord,
fe fondant fur la difpofition expreffe de l'Edit
du fel du mois d'Août 1661.

Cependant *pour pouvoir obtenir la révocation
de la commiffion du réaffouagement, avec la confirmation & attribution du pouvoir aux Etats ou
aux Affemblées générales*, elle accorda trois cent
mille livres, payables après qu'il auroit plu à
Sa Majefté de faire expédier un Arrêt du Confeil, contenant la révocation de la commiffion
du réaffouagement, confirmation & attribution
du pouvoir des Etats & Affemblées, & fous
quelques autres conditions.

L'offre fut acceptée; les Lettres patentes de
révocation de la commiffion furent expédiées,
& l'affouagement fut fait par des Commiffaires
des trois Ordres.

Les demandes d'un don, ou fecours pour les
armemens de mer, fe renouvellerent aux Affemblées fuivantes, qui, malgré l'exemption pro-

mife par l'Edit du fel, fe foumirent à la volonté du Roi ; & ce Don gratuit parvint peu à peu jufqu'à fept cent mille livres.

Il a été demandé aux derniers Etats, non comme il l'étoit à l'Affeublée des Communes par des Lettres patentes, mais par MM. les Commiffaires du Roi, qui font venus dans l'Affemblée pour cet effet, & qui ont remis un article de leurs inftructions conçues dans les mêmes termes que celui qui, outre les Lettres patentes, étoit contenu dans les inftructions aux Commiffaires de l'Affemblée des Communautés, & les trois Ordres ont délibéré unanimement de l'accorder.

La demande en eft faite aux Etats, & non à l'Ordre du Tiers. Ce font les Etats qui le délibérent , & non le Tiers ; & fuivant l'article 135 de l'Ordonnance d'Orléans, » en toute » Affemblée d'Etats généraux ou particuliers » des Provinces où fe fera octroi de deniers, » les trois Etats s'accorderont de la quote part » & portion que chacun defdits Etats portera. »

Il faut diftiguer le don gratuit introduit en 1664 pour les armemens de mer, de l'ancien don connu fous le nom de fouage, ou de taille royale qui étoit la charge du Peuple , lorfque le fervice militaire s'acquittoit en nature.

Le fouage ou taille royale a toujours été , & eft encore exigé par le Receveur des finances ; c'eft ce que l'on appelle deniers du

Roi : le Tiers-Etat ne fauroit demander, quant à ce, aucune participation aux deux premiers Ordres.

Mais le don gratuit actuel, quoique deftiné à être verfé dans le Tréfor royal, doit être regardé comme une charge commune à tous les Ordres du Pays, foit parce que l'Ordonnance d'Orléans le répute tel, foit parce qu'il a pour principe les armemens de mer, qui ne peuvent pas être uniquement à la charge du Peuple, foit parce qu'il a été payé pour maintenir & conferver les droits des trois Ordres, les pouvoirs & l'autorité des Etats. Or, les trois Ordres retirant le bénéfice du don gratuit, il eft naturel qu'ils y contribuent.

L'affouagement ne concerne, il eft vrai, que les biens roturiers ; mais au fonds, & quant à la répartition qui devoit en réfulter, les Communautés n'avoient pas grand intérêt que cet affouagement fût fait par des Commiffaires nommés par le Roi, ou par tout autre : la répartition faite avec juftice & équité, il devenoit égal qu'elle fût faite par telle ou telle autre perfonne.

Mais les droits des trois Ordres, le pouvoir & l'autorité des Etats étoient compromis ; difons mieux, ils étoient anéantis dans le droit, & dans l'exercice. Dans le droit, par l'Arrêt du Confeil qui nommoit la Commiffion : Dans l'exercice, par l'ufage que les Commiffaires auroient fait d'un pouvoir qu'ils ne devoient tenir que des Etats.

Enfin, l'objet pour lequel le don gratuit a été continué, les armemens de mer, n'étant point particulier au Tiers, il ne peut être regardé comme étranger aux deux premiers Ordres.

Confidérant que le fubfide fait, par fa nature, inconteftablement partie des charges communes.

Il n'eft malheureufement que trop vrai que les deux premiers Ordres, condamnés à contribuer au paiement du *fubfide*, n'ont jamais rien payé ; que quoiqu'ils y fuffent foumis par des Lettres patentes rapportées aux Etats de 1569, ces Lettres patentes n'ont jamais eu d'exécution, & qu'elles n'en ont point eu, parce que référées aux Etats de la même année, il y eut grande altercation & débats, & que depuis lors les mêmes Lettres patentes n'ont plus été préfentées à aucuns Etats.

La nature de cet impôt, l'aveu qu'ont fait les deux premiers Ordres d'être foumis à celui qui a été établi fur les huiles, & l'impoffibilité qu'il y a de regarder cette taxe comme taxe roturiere, juftifient évidemment que les deux premiers Ordres doivent d'autant mieux aujourd'hui coopérer, quant à ce, au foulagement du Peuple ; qu'il n'eft ni jufte ni poffible que l'impôt portant fur le vin du Pays, le Peuple paye la portion qui concerne fa denrée & celle des deux premiers Ordres.

Plus l'impôt eft ancien, plus le refus des deux premiers Ordres d'y contribuer date de loin, & mieux le crédit de la Nobleffe & la foibleffe du Tiers font juſtifiés : ce n'eſt qu'une raiſon de plus pour réparer l'injuſtice.

La Nobleſſe n'oſera probablement pas exciper de preſcription : la matiere n'en eſt pas ſuſceptible. Quand on diſcuta ſur ſon contingent à l'abonnement du droit ſur les huiles, qu'elle avoit refuſé de payer pendant plus de ſoixante années, elle n'oſa pas dire, devant le Magiſtrat reſpectable qui voulut bien ſe charger de terminer cette affaire : l'Arrêt du Conſeil n'a point eu d'effet ; l'abonnement a toujours été levé ſur les feux, il doit continuer de l'être. La poſſeſſion, en matiere d'impôt, juſtifie l'ancienneté de l'abus & la néceſſité de le faire ceſſer.

Les dettes anciennes & nouvelles ſont également partie des dettes communes ; c'eſt ce que leur origine indique.

Les anciennes dettes du Pays furent toutes réduites à quatre pour cent en 1722. Elles montoient alors à plus de dix millions ; elles s'élevent aujourd'hui de ſix à ſept millions. Leur premiere origine date de l'année 1622. Il eſt impoſſible de reconnoître la ſuite de tous les emprunts qui furent faits à divers taux d'intérêts, dans l'intervalle de cent ans : les uns ont été rembourſés en tout ou en partie ; d'autres réduits à des taux inférieurs ; d'autres dénaturés par reconſtitution. Le tout ne forme aujourd'hui qu'un corps ou aſſemblage de dettes vérifiées & conſtatées en 1722.

L'on ſait que le Pays emprunta une partie

des fommes qui furent accordées au Roi en 1631 & 1632, pour la révocation de plufieurs Edits, & fur-tout de celui qui créoit les Offices d'Elus, qui détruifoit la conftitution du Pays, & les droits des Trois Ordres.

Si MM. du Clergé & de la Nobleffe jouif-fent de l'avantage que leur a procuré la con-fervation de la Conftitution ; s'il y a encore des Affemblées des Etats où ils font appellés, c'eft l'argent du Tiers-Etat qui a produit cet effet : il feroit donc équitable qu'ils contribuaffent au moins aux emprunts faits dans le tems, pour acquitter une partie des fommes accordées au Roi, le reftant ayant été payé par impofition fur les feules Communautés.

Il fut également emprunté, fous le regne de Louis XIV, des fommes confidérables, pour délivrer le Pays de cette multitude d'Offices créés depuis 1600, jufques en 1713. Il y avoit plufieurs de ces Offices dont l'exercice, ainfi que les droits y attribués, auroient également pefé fur l'Eccléfiaftique, le Noble, & le Plébée.

Qu'une Confultation rapportée en 1711, des plus fameux Jurifconfultes d'alors, décidoit que le Tiers étoit en droit d'obliger la Nobleffe à contribuer à l'acquifition de ces différens Offi-ces ; qu'il fut déterminé d'ouvrir des conférences, & que cette affaire refta impourfuivie.

Dans cette pofition, pourroit-on regarder comme une demande indifcrete & fans fonde-ment, celle que le Tiers-Etat fait aujourd'hui au Clergé & à la Nobleſſe, de contribuer aux anciennes dettes, ſoit par rapport aux emprunts faits pour payer la révocation de l'Edit des Elections, révocation qui a autant profité aux deux premiers Ordres qu'au Tiers, pour délivrer les perſonnes & les biens, tant du Clergé, de la Nobleſſe, que du Tiers-Ftat, des gênes & des droits que la création de certains Offices y avoit impoſés?

Les nouvelles dettes montent auſſi de ſix à ſept millions. Leur origine vient de la guerre de 1744, & années ſuivantes, pendant leſquelles le Pays, animé par ſon zele pour le ſervice du Roi, fit des fournitures immenſes pour les Armées Françoiſe & Eſpagnole.

Le Tiers-Etat s'impoſe, depuis plus de trente ans, cent livres par feu, pour acquitter les rentes des nouvelles dettes, & en amortir peu à peu les principaux. Il eſt de bonne foi, en convenant qu'il s'eſt impoſé lui-même cette nouvelle charge, par la néceſſité de faire face au ſervice du Roi, & par ſon zele & ſon amour pour ſon Souverain; mais accablé, comme il l'eſt, par tant d'impoſitions & de contributions, ne peut-il pas, aujourd'hui qu'il eſt réuni avec deux Ordres puiſſans & riches, réclamer leur juſtice, & les engager à le ſoulager d'un fardeau qu'il porte depuis quarante ans, & qui peut être enviſagé comme ayant profité, au moins indirectement, à la conſervation de leurs biens?

A délibéré que très-humbles ſupplications feront faites à Sa Majeſté, dans leſquelles on établira

établira quelle eſt la détreſſe du Pays, l'immen-
ſité de ſes charges, leur parallele avec celles
de la Nobleſſe, le parallele encore de ces mêmes
charges avec le produit des revenus du Pays,
même en partant du taux auquel ils ſont portés,
dans les inſtructions de Sa Majeſté pour les
vingtiemes, quoique réputé vraiment exceſſif
par les Etats, & ſurpaſſant également la proportion des vingtiemes & les facultés des Contribuables.

La diſtinction toujours ſubſiſtance entre les
charges nobles, les charges roturieres, & les
charges communes.

Que, tant d'après le droit commun, que
d'après les Réglemens de nos anciens Etats, &
notamment d'après le Jugement du Roi René
de 1448, nous n'avons jamais connu d'exemption des charges communes.

Que les Peuples attendront avec confiance
qu'il plaiſe à Sa Majeſté de pourvoir, ſuivant
ſa ſageſſe ordinaire, au remplacement des charges nobles, qui opérera la diminution des
charges roturieres, ſauf de conſerver toujours
la diſtinction de ces différentes charges.

Mais que, quant à ce qui concerne les charges communes, les deux premiers Ordres doivent continuer d'y contribuer, comme ils devoient y contribuer de droit, quoiqu'ils n'y
aient pas contribué de fait.

Que dans le nombre des charges communes

dont on donnera le détail, il y fera fpécialement compris le fubfide, le don gratuit, les dettes ou telle portion que Sa Majefté trouvera à propos, tous les chemins quelconques, foit de Province ou autres ; & que les deux premiers Ordres y contribueront fans reftriction, ni condition, comme faites pour l'utilité générale, qui rejaillit fur tous les biens; & qu'au moyen de ce, l'art. 1 du tit. 2 du liv. 2 du Réglement des Chemins, qui rejette les conftructions & réparations imprévues fur les cas inopinés, fera & demeurera révoqué ; qu'ils contribueront également aux trente-cinq mille livres des appointemens de M. le Gouverneur, conformément à l'Arrêt du Confeil de 1635.

Que la contribution de la Nobleffe à toutes les charges communes fera fixée aux deux quinziemes de la contribution du Corps des Vigueries, comme l'eft celle des Vingtiemes.

Que celle du Clergé fera fixée fur le pied de la contribution indiquée par les inftructions du Gouvernement aux Vingtiemes, pag. 95 du procès-verbal.

Que Sa Majefté fera fuppliée de prendre en grande confidération l'état déplorable du Pays, les ravages auxquels il eft expofé, foit par les orages, foit par l'irruption des torrens & des rivieres, l'incertitude des récoltes en huile ou en vin, le découragement prefque abfolu qui s'eft emparé du Cultivateur, qui ne trouvant plus dans le produit de fes biens la jufte indemnité de fes avances, craint de trop employer au défrichement & à la culture.

Enfin, combien il importe de procurer au Pays un foulagement quelconque, ou par une diminution des impôts,
ou en y suppléant par le remplacement d'une imposition fur
les biens qui n'en fupportent prefque point; & qu'il eſt dé-
courageant que le même fonds roturier ou noble, ou jouiſ-
fant de la nobilité par le bénéfice de la compenſation,
change, pour ainſi dire, de nature du jour au lendemain,
& contribue à plus de cinq millions de charges que le Corps
des Vigueries fupporte, ou à environ cinquante mille écus
répartis fur les biens nobles : que le calcul le plus fimple & le
plus exact, & le réfultat des impoſitions du Pays le juſtifient.

*Compte exact de ce que le Corps des Vigueries paye au
Tréſorier des Etats.*

	l.	f.	d.
Impoſition générale à 917 liv. par feu .	2,657,083.	18.	4.
Taillon, fouage & fubſide	115,600.		
Vingtiemes & quatre Sols pour livré .	885,557.	6.	8.
Entretien des Bâtards	100,000.		
Abonnement des Lattes	10,000.		
Conſtruction du Palais.	55,416.	13.	4.
	3,823,657.	18.	4.
Capitation, déduction faite de celle des Poſſédans-fiefs, à-peu-près	400,000.		
Total de ce qui entre dans la caiſſe du Tréſorier des Etats	4,223,657,	18.	4.

A ajouter :

Les impoſitions des Vigueries	130,000.		
Les impoſitions pour les charges parti- culieres des Communautés, l'une por- tant l'autre à 300 liv. par feu . .	869,250.		
Total des charges annuelles qui font payées par le Tiers-Etat fur un produit territorial de quatorze à quinze mil- lions, ce qui fait plus du tiers . . .	5,222,907.	18.	4.

Le Tiers-Etat, qui connoît mieux ſes minces facultés & ſon état de détreſſe que perſonne, ne peut s'empêcher de relever, en paſſant, une erreur de calcul dans le Procès-verbal des Etats, & qui de doit pas ſubſiſter.

On y lit que de l'évaluation donnée au feu en 1776 au plus haut prix des denrées, lorſqu'on a ſoulagé la Haute-Provence, il en réſulteroit un Vingtieme de ſept cent cinquante mille livres.

Cela pourroit être vrai, ſi le Vingtieme ſe percevoit comme la dîme, ſans déduction des impoſitions & des frais d'entretien. Mais étant certain & démontré que les impoſitions à prélever ſur le produit, avant d'en payer le Vingtieme, montent à près de cinq millions, & que les frais d'entretien également à prélever montent en Provence à des ſommes immenſes; il réſulte qu'en prenant pour baſe la plus forte évaluation que l'on puiſſe donner au feu par le plus haut prix des denrées, le Vingtieme pris rigoureuſement ſur le produit des biens roturiers, déduction faite des impoſitions & des frais d'entrentien, n'iroit jamais à trois cent cinquante mille livres.

Auſſi, le Tiers-Etat en votant dans les derniers Etats pour un ſecours extraordinaire, demandé ſous le nom de ſupplement à l'abonnement des Vingtiemes, & en faiſant généreuſement le ſacrifice de la promeſſe ſacrée, expreſſe & poſitive que Sa Majeſté lui fit donner dans l'Aſſemblée de 1780, que de dix ans & juſqu'au 31

Décembre 1790, l'abonnement des Vingtiemes ne feroit point augmenté; promeffe fur laquelle il avoit droit de fonder tout refus, & qu'il s'eft abftenu de faire valoir, par un filence abfolu, le Tiers-Etat, difons-nous, a regardé ce fecours extraordinaire, auquel la néceffité des circonf-rances & fon zele pour le fervice du Roi l'ont déterminé à confentir, non comme un fupple-ment à l'abonnement des Vingtiemes, qui ne peut être fondé fur aucun principe, mais comme un troifieme Vingtieme que de fideles fujets ne pouvoient fe difpenfer d'accorder pour quel-ques années, en refferrant encore plus leurs moyens & leurs reffources, jufques à la réduc-tion du fimple néceffaire.

L'affouagement des Vigueries eft compofé de deux mille huit cent quatre-vingt-dix-fept feux & demi. Le feu, lors du dernier affouagement, fut trouvé être de la valeur réelle de cinquante-cinq mille livres, telle qu'elle étoit dans le commerce courant & journalier.

Suppofons que cette valeur puiffe être portée aujourd'hui à cent mille livres, les deux mille huit cent quatre-vingt-dix-fept feux, à raifon de cent mille livres chacun, formeront un ca-pital de deux cent quatre-vingt-neuf millions fept cent mille livres.

Que l'on faffe produire à ce capital le cinq pour cent comme à une rente conftituée, (on feroit bien heureux d'en retirer le quatre pour cent), le produit s'élevera à la fomme de qua-torze millions quatre cent quatre-vingt-cinq

mille livres : or , n'eft-il pas exhorbitant & hors
de toute proportion, qu'un produit de quatorze
millions quatre cent quatre-vingt-cinq mille livres , foit affujetti à payer cinq millions deux
cent vingt-deux mille neuf cent fept livres dix-
huit fols quatre deniers , c'eft-à-dire un peu plus
du tiers ?

L'afflorinement de la Nobleffe, fait en l'année
1668, eft compofé de deux mille & quelques
florins. Le florin fut évalué, à cette époque ancienne, à cinq cent livres de revenu.

On croit ne rien hafarder, en fupofant que
dans l'efpace de cent vingt ans , le revenu des
florins a plus que triplé , & même quatruplé.
L'on connoît des terres dont le florin vaut aujourd'hui trois & quatre mille livres de rente ;
mais toutes les feigneuries n'ont pas reçu la
même progreffion. Pour réduire le compte au
plus bas , nous fuppoferons que le florin , évalué
à cinq cent livres de revenu en 1668, ne produit aujourd'hui que quinze cent livres , ce qui
pour les deux mille florins donne un revenu
total & net de trois millions.

La Nobleffe, fur trois millions de revenus, paye
cent trente-trois mille cent foixante-fix livres
treize fols quatre deniers pour fon contingent
dans l'abonnement des vingtiemes & fols pour
livre ; elle paye encore quelques mille livres
pour fes charges particulieres , & elle a offert
une contribution de vingt-un à vingt-deux mille
livres pour les chemins & les Bâtards !

Par cette comparaifon , l'on voit que le re-

venu territorial du Peuple, réparti fur cinq ou
fix cent mille têtes, qui doit tout premiére-
ment fervir à leur nourriture & à leur entretien, & qui ne fauroit excéder de quatorze à
quinze millions, paye au-delà du tiers ; tandis
qu'un autre revenu territorial de trois millions,
divifé feulement fur environ mille têtes, paye à
peine le vingtieme du total.

Eft-il furprenant que dans une telle pofition,
le Tiers-Etat réduit à la derniere extrêmité, &
qui a le bonheur, par le rétabliffement des
Etats, de fe trouver réuni avec les deux premiers Ordres, puiffans & riches, leur demande
des fecours & des contributions proportionnées,
pour toutes les dépenfes communes ; contributions qui, fi elles n'étoient pas follicitées par
la Juftice, devroient être accordées par équité ?
Malgré ces contributions, quelque fortes qu'elles
puiffent être, il fubfiftera toujours une différence énorme & énormiffime, entre les biens
nobles payant quelques contributions, & les
biens roturiers affervis à toutes les charges
quelconques fans aucune exception ; & le privilege des biens nobles, à quelque origine qu'on
le rapporte, fous quelque point de vue qu'on
l'envifage, n'en fubfiftera pas moins par la
jouiffance, & l'exemption de toutes les autres
charges.

Lecture faite de la déclaration de MM. de
l'Ordre du Clergé, portant qu'il ne peut confentir à aucune contribution, avant d'être inftruit du vœu de la prochaine Affemblée du
Clergé.

Déclarations faites dans les Etats par MM. de l'Ordre du Clergé & de l'Ordre de Malte,

96

*portant réserve
de l'approbation
du Clergé de
France & du
Supérieur de
l'Ordre de Mal-
te, pour la con-
tribution aux
charges.*

*L'Assemblée
déclare qu'elle
ne peut adhérer
à cette réserve.*

Et de la déclaration faite par MM. les Commandeurs de l'Ordre de Malte, qu'ils adhèrent au vœu de MM. de l'Ordre du Clergé, sous la réserve de l'approbation de leur Supérieur.

L'Assemblée regardant ces deux déclarations comme destructives de l'autorité des Etats, ou tendantes à subordonner leur autorité, soit à l'autorité du Clergé de France, soit à l'autorité du Grand-Maître de l'Ordre de Malte; & ce quand le Pays est, Pays principal & principalement annexé au Royaume, & que les différens Ordres qui le composent n'ont que des rapports de convenance avec les autres Ordres du Royaume, & ne leur sont en aucune manière subordonnés.

Bien persuadée que si la contribution du Clergé séculier ou régulier est principalement volontaire & libre, le Clergé peut la consentir sans l'autorisation de personne, & que si elle n'est pas purement volontaire, les Etats la déterminant, leur détermination n'est & ne peut pas être subordonnée à l'approbation ou à l'improbation du Clergé de France, ou soit des Supérieurs de l'Ordre de Malte; & que pareille réserve, si elle n'étoit contredite, sembleroit adoptée.

A chargé qui de droit de déclarer aux prochains Etats qu'elle ne peut adhérer tant à la déclaration du Clergé qu'à celle de l'Ordre de Malte; & que leur contribution, une fois votée par les Etats, le Clergé régulier ou séculier du Pays doit les acquitter, abstration faite de tout
consentement

consentement de la part du Clergé de France, ou soit des Supérieurs de l'Ordre de Malte.

M. Pascalis, Assesseur d'Aix, Procureur du Pays, a dit :

Après la décision des questions relatives aux contributions, le Tiers-Etat restera soumis à des charges & a des impositions qui ne concerneront nullement les deux premiers Ordres.

Exécution des Lettres patentes du 18 Avril 1544, contre le droit de suffrage des deux premiers Ordres, dans les Délibérations sur les charges que le Tiers supporte seul.

Les deux premiers Ordres doivent-ils délibérer sur ces impositions, & le Tiers-Etat ne peut-il pas avoir cette administration, qui lui est propre & personnelle, & régir ses affaires particulieres, comme l'Ordre de la Noblesse régit les siennes ?

Le même régime qui sert à diriger les affaires particulieres de l'Ordre de la Noblesse, & qui ne les subordonne pas à l'inspection des Etats, doit être également propre au Tiers. Il ne seroit pas juste que les Etats, qui ne se mêlent pas du régime particulier de l'Ordre de la Noblesse, disposassent sur le régime particulier de l'Ordre du Tiers.

Le Tiers a des objets de dépense qui ne concernent que lui, il a des objets de revenus qui lui sont propres ; c'est un Ordre particulier, qui fait partie de l'Ordre universel représenté par les Etats, & qui n'a de rapport avec les Etats, que pour ce qui concerne les objets communs.

Tel est le plan économique de toute Admi-

N

niſtration compoſée d'Adminiſtrations particulieres & ſubordonnées : chaque Ordre a ſa propriété, qu'aucun forme, qu'aucun laps de
tems, qu'aucune coutume ne peut ébranler, &
qu'aucune Puiſſance ne peut lui ravir ſans injuſtice. Le bien du Tiers-Etat lui appartient ex-
cluſivement ; il en a la pleine & entiere propriété, ſous la protection des Loix & du Gouvernement.

Le revenu qu'il en retire, par ſes ſoins & par
ſes labeurs, eſt également dans ſa pleine & entiere propriété ; & perſonne ne peut mieux diſpoſer de ce revenu, qu'il ne peut diſpoſer de
la propriété. Et certainement les impoſitions
font une diſpoſition bien réelle & bien effective
du revenu de chaque Corps contribuable.

Il ſeroit donc bien injuſte que tout autre, que
le Corps contribuable, eût droit d'ordonner cette
diſpoſition, de la conſentir, de la régler, d'en
faire l'emploi & l'application.

Il n'eſt point de Corps dans la ſociété qui
ne jouiſſe de l'avantage d'adminiſtrer lui-même
les affaires qui lui ſont perſonnelles, de régler
ſes contributions, & d'exclure de ſon adminiſtration particuliere quiconque n'y a nul intérêt ;
& c'eſt n'y avoir point d'intérêt que de ne
point participer aux contributions.

Tous les Corps d'Artiſans ont des charges
particulieres ; & ce ſont les Membres de ces
Corps qui les acquittent, & qui pourvoient aux
moyens de les acquitter.

Les Communautés, les Vigueries, les Corps de magistrature, le Clergé, & la Noblesse ont aussi des charges qui leur sont propres; & tout se regle dans le sein de leur administration intérieure, sans autre participation que celle des Contribuables.

Ainsi, les Etats de Provence, composés des trois Corps : du Clergé, de la Noblesse, & du Tiers-Etat, qui ont leurs biens, leurs droits & leurs revenus distincts, séparés & indépendans, qui ne sont subordonnés ni à la disposition particuliere d'aucun des Ordres pris séparément, ni à la disposition générale des trois Ordres réunis en Corps d'Etats, ne doivent & ne peuvent voter que sur les objets généraux qui concerneront les trois Ordres. Mais quand il s'agira d'une dépense qui ne concernera que le Tiers, les deux premiers Ordres, qui n'ont aucun droit sur la propriété & sur le revenu du Tiers, n'ont par conséquent ni raison, ni prétexte pour délibérer cette dépense, pour en régler l'emploi & en déterminer la destination.

Il est impossible qu'un Ordre tel que celui du Tiers, qui a de si grands intérêts à diriger, des impositions si considérables à acquitter, des Agens à surveiller, des procès à suivre, & des maximes à maintenir, ne s'assemble pas pour ses affaires particulieres, ou que ses affaires particulieres soient régies par le Corps même des Etats, qui ne prend pas la même sollicitude, ou soit le même droit, sur l'Administration particuliere de l'Ordre du Clergé, ou de l'Ordre de la Noblesse.

Le principe immuable, dérivant du droit de propriété, suffiroit sans doute pour assurer à l'Ordre du Tiers l'Administration des affaires qui le concernent exclusivement ; vous pouvez encore réclamer l'exécution d'une Loi particuliere au Pays : les Lettres-patentés du 18 avril 1544.

Ces Lettres-patentes portent » qu'aux Etats,
» le nombre du Clergé & de la Noblesse réunis
» n'excédera pas celui du Tiers, & que si pour
» aucune affaire dudit Pays, il convenoit aux-
» dits Etats mettre & imposer sur notredit
» Peuple & Sujets dudit Pays aucuns emprunts,
» charges ou subsides, outre & par-dessus ceux
» qui ont accoutumé être par nous demandés ;
» en ce cas, nous voulons, ordonnons & nous
» plaît, qu'iceux Prélats & Gentilshommes ne
» puissent en ce porter ni donner aucune opi-
» nion, attendu que d'icelles charges extraor-
» dinaires en cet effet, ils ne payent aucune
» chose ; & où ils voudroient en ce opiner &
» bailler leurs voix & opinion, qu'ils soient
» tenus payer & contribuer leur quote-part &
» portion desdites charges extraordinaires qui
» feront mises sus par lesdits Etats.

Il n'y avoit alors de charges ordinaires & accoutumées que le fouage ou taille royale que le Tiers payoit & qu'il paie encore, & que Sa Majesté faisoit demander annuellement à raison de quinze florins par feu.

Toutes les dépenses auxquelles le Tiers-Etat est aujourd'hui soumis, multipliées, considérables & aggravantes, font postérieures à cetté époque, par conséquent non ordinaires, non accoutumées en 1544, & pour lesquelles les deux premiers Ordres ne doivent délibérer qu'autant qu'ils en payeront leur quote-part.

L'on a, à la vérité, supposé que ces Lettres-patentes avoient été révoquées. Mais il ne conste nulle part de la révocation. Le dépôt qui conserve l'existance de ces Lettres-patentes, conserveroit aussi la preuve de la révocation, si elle avoit jamais existé.

Une note particuliere dont on excipe, sans caractere, sans authenticité, & certainement incapable d'abroger une Loi duement vérifiée & enregistrée, indique que les plaintes des deux premieres Ordres portoient uniquement sur la réduction de leur nombre aux Etats, & nullement sur la disposition si juste & si raisonnable, concernant l'exclusion des deux premiers Ordres de tout concours à des Délibérations sur des objets de dépense auxquels ils ne voudroient pas contribuer.

L'exécution qu'ont reçu ces Lettres-patentes est un nouveau garant de leur justice.

Dans les Etats de 1568, fol. 39, un Gentilhomme propose de faire un présent à M. le Gouverneur, & il fut répondu » que les Com- » munes s'assembleroient à part pour y déli- » bérer.

Dans ceux de 1569, fol. 117, les com-

munes feules délibérent un don en faveur de
M. le Gouverneur & de M. le Lieutenant général, l'appliquent à des fommes dues au Pays
par le Roi, pour fournitures faites aux Troupes,
& donnent pouvoir aux Procureurs du Pays
d'en expédier les mandemens.

Aux Etats de 1571, fol. 192, à ceux de
1573, fol. 276, à ceux de 1580, toujours pof-
térieurs par conféquent aux Lettres patentes de
1544, le Tiers-Etat eft toujours feul à délibérer
fur la propofition de faire un préfent à M. le
Gouverneur.

Dans ceux de 1583, fol. 464, les Communes
& Vigueries, féparement affemblées dans le petit
réfectoire des Jacobins, pardevant M. de Milot,
Confeiller au parlement, Commiffaire député
par M. le Gouverneur, déliberent encore un
préfent de douze mille livres en faveur de M.
le Gouverneur.

Outre ce préfent, qui parvint à quinze mille
livres, & qui fut regardé comme le plat du
Gouverneur, il furvint, au commencement du
dernier fiecle une autre dépenfe qui ne fut qu'à
la charge du Tiers; c'étoit l'entretenement de
la Compagnie des Gendarmes de M. le Gouverneur.

Dès l'année 1614, l'Affemblée générale des
Communautés, tenue au mois d'Août de la
même année (& fi les Communautés s'affem-
bloient, c'étoit donc pour délibérer fur leurs
affaires particulieres) délibera de faire article

au Roi, pour que les deniers du taillon fuſſent employés, ſuivant ſa deſtination, à l'entretien de ladite Compagnie.

Dans les Etats du mois de Janvier 1624, fol. 65 & 67, qu'il eſt important de mettre ſous vos yeux, on voit que M. le Préſident remontra » qu'il feroit raiſonnable que MM. des Com- » munautés s'aſſemblaſſent, avec l'aſſiſtance de » MM. les Procureurs du Pays, pour tâcher » entr'eux tous de trouver les moyens de » donner ſatisfaction à M. le Gouverneur, puiſ- » que les Etats ont toujours trouvé bon de le » faire ainſi, afin que ſur la conférance & traité » qui ſe feront, l'on puiſſe plus valablement » & facilement ſortir de cette affaire, qui eſt » la plus importante dans ces Etats. »

Le Tiers s'aſſembla, & ſes conférences abou- tirent à faire à M. le Gouverneur des propo- ſitions qu'il accepta, & inutiles à rappeller.

Aux Etats de 1625, fol. 223, le ſieur de Feraporte, Syndic du Tiers-Etat, remontre qu'il » avoit toujours plu aux Etats de laiſſer aſſem- » bler les Communautés en particulier avec » MM. les Procureurs du Pays pardevant M. » le Préſident des Etats, lorſqu'il s'agiroit des » demandes de M. le Gouverneur. Et il fut » délibéré qu'elles s'aſſembleroient à part. »

Les Etats de 1628, fol. 131, juſtifient encore qu'il fût délibéré que ſuivant l'uſage, les Com- munautés s'aſſembleroient à part, avec l'aſſiſ- tance de MM. le Procureurs du Pays, pardevant M. le Préfident des Etats, pour délibérer fur les demandes de M. le Gouverneur.

Enfin l'Arrêt du Confeil du 30 Mars 1635 porta la dépenfe de quinze mille livres du don à M. le Gouverneur, & de neuf mille livres pour fes Gardes, à cinquante-un mille livres, *payable par les Etats*; & quant à la Compagnie d'ordonnance ou de Gendarmes, il n'en fut plus queftion après l'année 1632 : le Tiers en fut entiérement délivré, & cette charge, fur laquelle il y avoit annuellement à difputer & à fe défendre, fut remplacée par une augmentation confidérable du taillon, qui de vingt-fept mille livres fut portée à foixante-dix mille en 1633. Le Tiers la paye encore, quoique la fomme fût payable par les Etats, fuivant l'Arrêt du Confeil du 30 Mars 1635.

En réclamant donc le droit d'adminiftrer fes affaires particulieres, le Tiers-Etat ne réclame rien qui foit nouveau, déraifonnable, contraire au droit commun, ou foit à la Conftitution du Pays.

En demandant qu'on fe conforme à la Loi primitive qui régit toutes les propriétés, & qui n'autorife perfonne à difpofer d'un bien qui ne lui appartient pas, on ne prend pas fur les droits des deux premiers Ordres. Les deux premiers Ordres convaincus que les Peuples de ce Pays font évidemment trop chargés, pourront encore concourir aux délibérations que le Tiers pourra prendre à ce fujet; les Lettres patentes de 1544 leur en laiffent le moyen.

Si

Si au contraire ils ne veulent concourir en aucune maniere au foulagement du Peuple ; qu'ils lui laiffent au moins la fatisfaction d'adminiftrer par fes repréfentans des objets qui l'intéreffent exclufivement.

Nous n'ignorons pas que les Affemblées du Tiers font difpendieufes , & que dans l'état d'épuifement où fe trouvent nos Communautés, l'économie devient un devoir & une néceffité. On pourroit diminuer cette dépenfe, en fuppliant Sa Majefté d'autorifer Meffeigneurs les Commiffaires des Etats de permettre au Tiers de s'affembler pendant la tenue des Etats , comme on l'a pratiqué jadis, & notamment en 1624, fur la requifition de Monfeigneur le Préfident, ou tout au moins d'indiquer l'Affemblée du Tiers, immédiatement après l'Affemblée des Etats, & que Sa Majefté feroit fuppliée d'ordonner que les Lettres patentes du 18 Avril 1544 continueront d'être exécutées ; ce faifant, que le Tiers-Etat continuera de délibérer feul, foit dans les Etats même, foit à part, avec l'affiftance de MM. les Procureurs du Pays & pardevant Monfeigneur le Préfident des Etats, fur tous les objets de dépenfe, de quelque nature qu'ils foient, auxquels les deux premiers Ordres ne voudront pas contribuer.

Lecture faite de tous les procès - verbaux énoncés ci-deffus, & des Lettres patentes du 18 Avril 1544 ;

L'Affemblée a délibéré que dans le Mémoire des remontrances, on demandera qu'il plaife à

O

Sa Majeſté ordonner que les ſuſdites Lettres patentes continueront d'être exécutées ſuivant leur forme & teneur, ainſi & de la maniere qu'il eſt énoncé dans la propoſition.

Affouagement & afflorinement général.

Droit de compenſation.

Repréſentations pour que le travail fait, & les arrangemens à propoſer ſur ces deux objets, ſoient commnniqués à une Aſſemblée particuliere de l'Ordre du Tiers.

M. Paſcalis, Aſſeſſeur d'Aix, Procureur du Pays, a dit :

Les Etats ſe ſont occupés de deux objets également intéreſſans ; le moyen de rendre l'établiſſement pour l'entretien des Bâtards plus utile à l'humanité & moins onéreux au Pays ; & les arrangemens à prendre pour le droit de compenſation des biens nobles aliénés par les Seigneurs des fiefs, avec les biens roturiers par eux acquis.

Deux Magiſtrats du Parlement & deux Magiſtrats de la Cour des Comptes, ſans concours d'aucun Membre du Tiers-Etat, ont été priés de préparer avec l'Adminiſtration intermédiaire les moyens de mettre les prochains Etats à même de prendre ſur ces deux objets une Délibération réfléchie.

La ſollicitude des Etats mérite ſans doute toute votre reconnoiſſance. Mais en la leur témoignant, vous devez veiller au maintien de vos droits, à la conſervation de votre propriété.

Que les Etats diſpoſent & délibérent ſur l'entretien des Bâtards, ſur-tout ſi les deux premiers Ordres contribuent à cette dépenſe dans une proportion équitable, rien de plus légal, rien de mieux combiné. Vous avez été témoins, MESSIEURS, des heureux effets qu'a déja produit un arrangement qui coûte beaucoup au Pays, mais qui lui a déja confervé grand nombre de ces êtres infortunés, qui n'ont de pere que le fifc & la commifération publique.

Mais il n'en eft pas de même du droit de compenfation. Quelque réfléchie, & quelque jufte que pût être la Délibération que les Etats prendroient fur cet objet, elle feroit encore illégale.

Si le droit de compenfation eft patrimonial aux Seigneurs des fiefs, les regles qui y préfident font patrimoniales au Tiers. Egalement fondé fur les Arrêts du Confeil de 1556, de 1637 de 1643, de 1668 & de 1702, c'eft moins par voie de décifion de la part des Etats, que par voie de conciliation, & pour ainfi dire de tranfaction, que le droit de compenfation doit être arrangé.

Nous fommes perfuadés que le Tiers fe prêtera toujours aux moyens qui lui feront propofés, & certainement on ne lui en propofera point qui bleffent fes intérêts. Mais il doit lui être permis de les approfondir, de les fubordonner à fes Confeils, de les difcuter, & de ne pas fubir la Loi que les Etats pourroient lui impofer, en changeant la forme des compenfations, & en dérogeant par conféquent à l'Arrêt du Confeil de 1702 qui fait la Loi du Pays & le boulevard de la taillabilité.

L'Affemblée a délibéré qu'il fera repréfenté

aux prochains Etats, qu'avant de prendre aucune
détermination définitive, fur l'objet vraiment
intéreffant du droit de compenfation des biens
nobles aliénés par les Seigneurs des fiefs, avec
les biens roturiers par eux acquis, le travail
qui aura été fait à cet égard par l'Adminiftration intermédiaire, conjointement & de concert
avec MM. les Magiftrats des deux Cours, ainfi
que tous arrangemens qui pourront être propofés,
relativement à l'opération conjointe de l'affouagement & de l'afflorinement général, feront
communiqués à l'Ordre du Tiers, afin qu'il puiffe
l'examiner dans une affemblée de cet Ordre,
& y préparer un vœu réfléchi fur cette matiere.

Repréfentations à Monfeigneur l'Archevêque d'Aix, Préfident des Etats, à l'effet que le Député pour l'Ordre du Tiers foit toujours un membre de cet Ordre.

M. Pafcalis, Affeffeur d'Aix, Procureur du
Pays, a dit :

Les Etats ont député un Membre de chaque
Ordre pour préfenter le Cahier à Sa Majefté ;
& il a été nommé pour l'Ordre du Tiers, M.
Lyon de St. Ferreol, Ecuyer, fecond Conful
d'Aix, Procureur du Pays.

C'eft fuppofer que MM. les Procureurs du
Pays figurent dans le nombre des repréfentans
du Tiers ; & cette idée ne répond pas à celle
que l'on doit fe former de leur caractere & de
leurs fonctions.

Le refpect que l'on doit aux délibérations
des Etats, l'impoffibilité qu'il y a que dans le
principe de notre régénération, tous les intérêts
foient fauvés, la reconnoiffance que l'on doit
à M. de St. Ferreol des foins qu'il a pris pen-

dant le cours de son administration, vous imposent aujourd'hui la nécessité de vous borner à surveiller vos droits pour l'avenir.

L'Assemblée a unanimement délibéré qu'il sera fait, au nom de l'Ordre du Tiers, des représentations à Monseigneur l'Archevêque d'Aix, Président des Etats, à l'effet qu'à l'avenir, le Député de l'Ordre du Tiers-Etat soit toujours un membre de cet Ordre.

M. Pascalis, Assesseur d'Aix, Procureur du Pays, a dit :

Fixation des frais du voyage du Député pour l'Ordre du Tiers.

Vous êtes instruits que les Etats ont délibéré la députation à Sa Majesté, pour lui présenter le Cahier des Etats ; que M. Lyon de St. Ferreol, qualifié Député, lorsqu'en sa qualité de Procureur du Pays, il n'étoit qu'opinant pour la Viguerie d'Aix, a été nommé pour le Tiers-Etat.

Les différens Ordres ayant pourvu aux frais du voyage de leurs Députés, il est à propos que le Tiers s'occupe du même objet. Dès que les Etats n'ont pas prononcé sur les frais du voyage des Députés de l'Ordre du Clergé & de la Noblesse, & que ce sont au contraire les deux premiers Ordres qui y ont pourvu, la présente Assemblée doit s'occuper du même soin, à l'égard du Député nommé pour le Tiers-Etat.

L'Assemblée, instruite que l'Ordre de la Noblesse a délibéré de payer quatre mille livres à son Député, a délibéré, à la grande pluralité des fuffrages , M. de St. Ferreol ayant abftenu d'opiner , qu'il fera payé deux mille livres au Député de l'Ordre du Tiers , chargé de préfenter à Sa Majefté le Cahier des Etats.

M. Pafcalis , Affeffeur d'Aix , Procureur du Pays , a dit :

Les droits royaux reçoivent fi fouvent des extenfions, que les Etats ont jugé à propos de s'en occuper : ils ont cru néceffaire d'établir un centre de correfpondance qui, aboutiffant à MM. les Procureurs du Pays, pourroit procurer au Peuple le fecours & la protection dont il a fi fouvent befoin.

Chaque particulier, qui fe croira injuftement attaqué , pourra référer fes plaintes aux Chefs de Viguerie , les Chefs de Viguerie aux Procureurs du Pays ; & on doit attendre de leur exactitude , qu'en ne s'oppofant point à la perception des droits légitimement dus , ils trouveront le moyen d'empêcher qu'on leur donne des extenfions fouvent arbitraires , & plus fouvent encore injuftes.

Le huitieme dudit mois de Mai, il n'y a point de féance.

Du neuvieme dudit mois de Mai.

APrès la lecture du procès-verbal de la derniere féance:

Plaintes fur ce que MM. les

L'Affemblée, inftruite, par la lecture du procès-verbal des Etats, que MM. les Consuls d'Aix, Procureurs du Pays, n'ont jamais été qualifiés tels, & qu'ils ne sont au contraire dénommés que sous la qualité, tantôt de Maire Consuls & Assesseur de la ville d'Aix, & tantôt de Députés de la Viguerie d'Aix & des Vallées, sans y ajouter la qualité de Procureurs du Pays, croit devoir prendre en considération cet objet, & les autres droits inhérens à la qualité & aux fonctions des Consuls d'Aix, Procureurs du Pays.

Consuls d'Aix n'ont pas été appellés Procureurs du Pays, pendant la tenue des Etats, n'ont pas signé le procès-verbal, ni les lettres & mandemens expédiés pendant la tenue des Etats.

Il est incontestable que les sieurs Consuls d'Aix sont Procureurs du Pays nés ; que ce titre & les fonctions qui y sont attachées, leur ont été attribuées par l'Ordonnance de 1535, connue sous le nom d'Ordonnance de Provence ; que dans tous les anciens Etats, ils sont toujours qualifiés *Consuls d'Aix, Procureurs du Pays.*

Quoique l'exercice de leurs fonctions soit suspendu pendant les Etats, ils n'en sont pas moins Procureurs du Pays nés. Il semble dès-lors que les derniers Etats auroient dû leur en donner le titre.

Le chaperon qu'ils portent, en quelque endroit de la Province que les Etats soient convoqués, indique certainement qu'ils assistent aux Etats à autre titre que de simples représentans de la Communauté d'Aix.

On voit encore dans les anciens Etats que les sieurs Procureurs du Pays nés signoient toutes les Délibérations ; que dans des tems plus re-

culés, le procès-verbal, après la publication
faite en préfence de témoins, n'étoit figné que
par les Greffiers des Etats ; qu'en 1607, on
voulut donner une autre forme, & que le procès-verbal fut figné par MM. les Procureurs du
du Pays nés, avec la qualité de Procureur du
Pays, ce qui fut fuivi jufqu'en 1639.

Il en eft de même des mandemens titres &
contrats qui font expédiés pendant la tenue des
Etats : tout doit être figné par les Procureurs
du Pays nés ; c'eft la Loi conftante inférée par
les Etats eux - mêmes dans tous les contrats
ou baux de la tréforerie ; on la retrouve dans
tous ceux qui font parvenus jufqu'à nous, depuis
1561 jufqu'en 1639. Le mandat figné de tous
les Procureurs du Pays eft la feule piece comp-
table, fans laquelle nulle dépenfe ne peut être
allouée au Tréforier, & tous les baux paffés
par les Affemblées des Communautés portent
la même difpofition. Le bail actuel, que les
Etats ont confirmé, prononce la peine de ra-
diation de tout payement fait par le Tréforier,
fans le mandement des Procureurs du Pays.

On eft venu à bout de perfuader à M. l'Archevêque, le Préfident des Etats, le plus éloi-
gné de vouloir ajouter aux droits de fa place,
& de faire le préjudice de fa Ville archiépifco-
pale, fur laquelle il répand journellement fes
bienfaits ; on eft venu, difons-nous, à bout de
lui perfuader que les mandemens ne doivent
être fignés que par lui.

Les affiftans à l'audition du compte du Tréforier

forier du Pays, qui en font les véritables impugnateurs, pourroient relever cette irrégularité, ainfi que la Cour des Comptes, qui verra des payemens acquittés dans une forme contraire à l'efprit & à la lettre du bail.

Ces innovations feroient fans conféquence par rapport à M. l'Archevêque d'Aix, premier Procureur du Pays né. Mais elles pourroient devenir plus intéreffantes, fi les Etats étoient préfidés par tout autre, ou même par un Grand-Vicaire, qui, au moyen de ce, auroit la difpofition de la caiffe, concentreroit en lui la correfpondance, & confentiroit des engagemens au nom du Pays.

L'Affemblée a délibéré que MM. les Confuls d'Aix, Procureurs du Pays, fe retireront pardevant Mgr. l'Archevêque d'Aix, premier Procureur du Pays né, Préfident des Etats, & le fupplieront de pourvoir à la réformation des nouveautés pratiquées dans les Etats; elle efpere que ce Prélat, qui aime la juftice, & qui accorde une protection fpéciale à la Ville de fon fiege, fera le premier à veiller à la confervation des droits & des privileges des fieurs Confuls d'Aix, Procureurs du Pays.

M. Pafcalis, Affeffeur d'Aix, Procureur du Pays, a dit :

Demande en permiffion d'envoyer des Députés à la Cour.

Que dans les précédentes féances, l'Affemblée a manifefté fon vœu fur les différens objets pour lefquels elle follicite la décifion de Sa Majefté; que les motifs fur lefquels fon vœu

P

eſt fondé n'ont pu être expoſés dans les délibérations que d'une maniere imparfaite ; que des
inſtructions néceſſairement inſuffiſantes ont beſoin d'être appuyées au pied du Trône par la
préſence de quelques Députés du Tiers ; qu'il
conviendroit dans les circonſtances de députer
à la Cour, ſous le bon plaiſir du Roi, ſoit pour
préſenter le Cahier de l'Aſſemblée & les Mémoires qui ſeront rédigés, ſoit pour donner les
inſtructions verbales que les circonſtances pourront exiger ; & qu'il convient par conſéquent
de délibérer ſur cet objet.

Sur quoi, l'Aſſemblée conſidérant que les anciennes Aſſemblées des Communautés avoient
toujours été autoriſées à députer au Roi pour
porter le Cahier de chaque Aſſemblée ; que Monſeigneur l'Archevêque d'Aix a annoncé, par ſa
lettre circulaire adreſſée aux Communautés & aux
Vigueries, que Sa Majeſté voudroit bien permettre
à chaque Ordre de lui *préſenter* ſes Mémoires.

Que la Nobleſſe a, dans ce moment ci, un
Député à Paris pour y veiller à ſes intérêts.

Que pluſieurs membres du Clergé s'y trouvent également.

Que le Tiers-Etat ſeroit par conſéquent dans
une poſition bien inégale, s'il n'avoit aucun
Député qui pût y ſuivre ſes affaires.

Que dans toute autre circonſtance, &
s'il s'agiſſoit d'un objet parfaitement connu,
les Communes ne s'en rapporteroient qu'à la

juſtice de Sa Majeſté & à celle de ſes Mi-
niſtres.

Qu'elles n'ignorent point, qu'en veillant juſqu'aux bornes de ſon Empire, la juſtice du Roi
n'y découvre que des ſujets également chers à
ſon cœur.

Qu'elles n'ignorent point non plus, que ſi la
bonté du Souverain pouvoit diſtinguer les divers Ordres de l'Etat, ce n'eſt point l'intérêt
privé des deux premiers Ordres qu'elle voudroit
préférer à ceux du Peuple qui fait la principale
force de ſon empire, qui ſupporte preſqu'en
entier le poids de l'Etat, & qui ne ſçut jamais
diſtinguer ſon amour pour ſes Rois de ſa contribution aux charges publiques.

Que les Communes ſçavent également que
l'intérêt du Peuple eſt le ſeul intérêt vraiment
nationnal, tandis que celui des deux premiers
Ordres n'eſt ſouvent fondé que ſur de prétendus
privileges qui le contrarient.

Que malgré ces motifs, une foule de conſidé-
rations leur font vivement ſentir qu'une députation, dans les circonſtances actuelles, & vraiment intéreſſantes pour elles, eſt abſolument
indiſpenſable, ne fut-ce que :

L'importance même des queſtions que Sa
Majeſté veut bien permettre aux trois Ordres de
diſcuter.

La néceſſité des détails, des titres, & des

renfeignemens multipliés que la défenfe du Tiers-
Etat exige.

La néceffité des conférences , & l'efpérance
de pouvoir fe concilier.

L'anxiété même que le Peuple ne pourroit
qu'éprouver , s'il fçavoit qu'il doit être jugé
fans pouvoir fe faire entendre.

La néceffité de le raffurer fur fa défenfe , à
laquelle il lui eft permis de mettre un fi grand
intérêt.

L'opinion enfin qu'aura le Peuple entier , &
un fi bon Peuple, de parler lui-même au meilleur des Rois , par l'organe de fes Députés.

A délibéré que Sa Majefté fera très-humblement fuppliée de permettre à l'Ordre du Tiers
d'envoyer à Paris des Députés, qui puiffent fe
livrer avec zele à la pourfuite de fes droits.

Et que Mgr. l'Archevêque d'Aix, Mgr. le
Maréchal Prince de Beauvau , Mgr. le Comte
de Caraman , & Mgr. le Premier Préfident &
Intendant , feront fuppliés d'appuyer de tout
leur crédit la demande de la députation , & les
réclamations des Députés.

Legs faits au Pays par M. le Marquis de Mejanes. L'Affemblée confidérant que les dépenfes, relatives à la Bibliotheque léguée au Pays par
M. le Marquis de Mejanes, intéreffent plus particuliérement l'Ordre du Clergé & l'Ordre de
Renonciation de la part de la Nobleffe , que l'Ordre du Tiers ; a délibéré

que les deux premiers Ordres feront invités, dans la premiere Assemblée des Etats, à contribuer chacun pour un tiers à toutes les dépenses que l'emplacement, l'entretien & la garde de la Bibliotheque, & autres objets accessoires pourront occasionner ; & en cas de refus de leur part, ou de la part de l'un d'eux, l'Assemblée déclare dès-à-présent que l'Ordre du Tiers renonce aux legs qui lui ont été faits par M. le Marquis de Mejanes, sauf aux deux premiers Ordres de s'en charger à leur particulier. L'Ordre du Tiers prie les héritiers de M. le Marquis de Mejanes d'être bien persuadés de toute sa reconnoissance, & qu'il ne renonce à ce bienfait, que par l'impuissance absolue dans laquelle il se trouve de supporter au-delà du Tiers de cette dépense.

l'Ordre du Tiers si les deux premiers Ordres ne contribuent à la dépense.

L'Assemblée considérant que dans les circonstances actuelles, on ne sçauroit s'occuper avec trop d'attention des objets d'économie, & que la franchise des ports de lettres s'éleve à une somme importante ; que MM. les Députés de Forcalquier & de Sisteron, Procureurs joints pour le Tiers-Etat, ont déclaré n'avoir jamais joui de cette franchise, & ne vouloir pas en jouir à l'avenir.

Demande aux prochains Etats, pour que la franchise des ports de lettres ne soit attribuée qu'à MM. les Procureurs du Pays nés & aux Officiers du Pays.

Que MM. les Députés de Grasse & d'Hieres, Procureurs joints renforcés pour le Tiers, ont également déclaré que s'ils avoient le droit de jouir de la même franchise, ils y renonçoient.

A délibéré qu'aux prochains Etats, il sera fait motion tendante à ce que la franchise des ports de lettres ne foit attribuée qu'à MM. les Procureurs des Gens des Trois Etats & aux Officiers du Pays, fauf à chaque Ordre d'accorder la même franchife à MM. les Procureurs du Pays joints pour chacun d'eux : Déclarant l'Affemblée qu'elle n'entend point l'accorder aux Procureurs joints pour l'Ordre du Tiers.

Renvoi à une autre Affemblée de l'Ordre du Tiers de toutes les affaires qui n'ont pu être difcutées.

M. Pafcalis, Affeffeur d'Aix, Procureur du Pays, a dit :

Qu'il lui a été remis divers Mémoires & fait diverfes repréfentations de la part de plufieurs Députés ; entr'autres de la part du Député de la Communauté d'Aubagne, qui n'affifte point en cette Affemblée, de la part de la Communauté de la Ciotat, de celle de la Communauté de Riez, & de celle de Barjols.

Que les inftructions de Sa Majefté ne permettent à cette Affemblée que de s'occuper des objets qui ont fait matiere de Délibération dans les Etats, qu'en fe foumettant avec refpect aux volontés de Sa Majefté, on ne peut fe difpenfer de renvoyer à délibérer lors de la prochaine Affemblée, tant fur les différens objets ci deffus relatés, que fur tous autres concernant le véritable intérêt du Tiers, & qui peuvent avoir rapport, foit aux tailles, foit aux compenfations, foit aux levées univerfelles, & foit aux différens procès qui font actuellement pendans entre l'Ordre du Tiers & l'Ordre de la Nobleffe.

L'Affemblée a déclaré que par refpect & par

foumiffion aux volontés de Sa Majefté, con-
fignées dans les inftructions adreffées à M. le
Commiffaire, elle s'abftient de s'occuper, quant
à préfent, des différentes demandes que MM. les
Députés étoient chargés de faire au nom de
leurs Communautés ; elle a renvoyé à y ftatuer, ainfi que fur tous les autres objets, dans
la prochaine Affemblée de l'Ordre du Tiers,
qu'elle follicite & qu'elle efpere obtenir des
bontés & de la juftice de Sa Majefté.

M. Pafcalis, Affeffeur d'Aix, Procureur du
Pays, a dit :

Fixation des honoraires des Affiftans à la préfente Affemblée & dépenfes acceffoires.

L'état de détreffe dans lequel le Pays fe
trouve, ne lui permet pas de fe livrer à des
idées de gratification. Mais elle ne peut pas fe
difpenfer de payer les frais que la préfente
Affemblée occafionne ; & il eft digne d'elle de
ne pas s'abftenir des aumônes ordinaires, comme
encore de fe conformer aux anciens ufages pour
les honoraires de MM. les Députés, & pour le
payement des Valets - de - Ville fervant auprès
d'eux.

L'Affemblée a délibéré que les honoraires de
MM. les Affiftans feront payés, comme dans
les précédentes Affemblées générales des Communautés ; & qu'il en fera ufé de même pour
le payement des Valets-de-Ville fervant auprès
d'eux.

Qu'il fera payé à la Communauté de Lambefc douze cent livres en indemnité, à caufe
des logemens fournis aux Affiftants à l'Affem-

b'ée ; aux Chanoines réguliers de la Trinité
cent livres, fçavoir, foixante livres pour charité
& aumône, & quarante livres pour la garde des
meubles fervant à la tenue des Affemblées ; aux
pauvres de l'Hôpital pour aumône trente livres ;
aux Commis au Greffe des Etats quatre cent
cinquante livres, pour les peines & foins par
eux pris pendant la tenue de cette Affemblée ;
à celui qui a fonné la cloche pour donner avis
des féances de l'Affemblée douze livres ; au Fac-
teur du Bureau de la pofte quarante-huit livres ;
à celui qui a rendu les lettres aux Affiftans de
l'Affemblée vingt-quatre livres ; au Garde du
Gouvernement qui a fait les logemens cinquante
livres.

Il a été encore délibéré que le Député d'Annot, demeuré malade à Barreme, fera payé de
fes honoraires, laquelle fomme fera reçue par
M. Verdollin, Député de la Communauté d'Annot, qui la lui remettra tout comme s'il avoit
affifté à la préfente Affemblée ; mais qu'il ne fera
rien payé pour le Valet qu'il fe propofoit d'a-
mener.

M. Pafcalis, Affeffeur d'Aix, Procureur du
Pays, a dit :

Qu'il étoit néceffaire d'impofer pour les frais
de la préfente Affemblée, & pour ceux de la
médaille qu'elle a décernée à Monfeigneur des
Galois de La Tour.

L'Affemblée a impofé la fomme de dix livres
par feu, qui fera exigée par M. Pin, Tréforier
général

général des Etats, fçavoir, cinq livres au quartier d'Août, & cinq livres au quartier de Novembre de la préfente année.

Impofition de 10 liv. par Feu.

Il a été encore délibéré qu'il fera remis à chacun des Affiftans à la préfente Affemblée une médaille en argent, femblable à celle qui a été décernée à M. le Commiffaire du Roi.

Médaille en argent, pour être remife aux Affiftans à cette Affemblée.

L'Affemblée a délibéré que le procès-verbal fera figné par MM. les Procureurs du Pays, par MM. les Députés des quatre premieres Communautés, & par MM. les Députés des quatre premieres Vigueries ; qu'il fera rendu public par la voie de l'impreffion jufqu'au nombre de quinze cent exemplaires, & qu'il en fera envoyé un à chaque Communauté du Pays.

Signature du proces-verbal. Impreffion & envoi.

L'Affemblée a prié MM. les Procureurs du Pays d'offrir, en fon nom, à Monfeigneur l'Archevêque d'Aix, Préfident des Etats, & premier Procureur né du Pays, un exemplaire du procès-verbal de fes féances ; de lui préfenter le jufte tribut de reconnoiffance que l'Ordre du Tiers doit à fon zele actif & éclairé pour les intérêts du Pays, pour ceux de chaque Ordre en particulier ; & de le fupplier en même-tems de vouloir bien appuyer de tout fon crédit les juftes réclamations que l'Affemblée croit devoir porter, foit aux pieds du Trône, foit dans le fein des Etats.

Remercîmens à Mgr. l'Archevêque d'Aix

M. Pin, Tréforier des Etats, a expofé à l'Affemblée, qu'ayant offert à Mgr. des Galois de La Tour les deux mille cinq cent foixante li-

Refus par Mgr. des Galois de la Tour, de fon droit d'af-

Q

vres qui lui ſont attribuées en qualité de Commiſſaire du Roi, autoriſant la préſente Aſſemblée ; Monſeigneur des Galois de La Tour a refuſé de recevoir cette ſomme.

Remercîmens de l'Aſſemblée.

L'Aſſemblée a remercié Monſeigneur des Galois de La Tour du noble déſintéreſſement qu'il vient de témoigner. Elle ajoutera ce nouveau bienfait à tous ceux qu'elle a déja reçus de ce Magiſtrat reſpectable, devenu à tant de titres, & depuis ſi long-tems, l'objet de ſon amour & de ſa vénération.

Réduction à 9 liv. de l'impoſition ſur les feux.

Et pour faire profiter toutes les Communautés de la remiſe de ces deux mille cinq cent ſoixante livres, l'Aſſemblée a unanimement délibéré que l'impoſition de dix livres par feu, faite dans la préſente ſéance, ſera réduite à neuf livres par feu, qui ſeront exigées par M. le Tréſorier général des Etats, à raiſon de quatre livres dix ſols à chacun des quartiers d'Août & Novembre de la préſente année.

Repréſentations ſur l'atteinte portée à la conſtitution du Pays, par les nouveaux Edits.

L'Aſſemblée, conſternée du coup funeſte qui vient d'être porté à la conſtitution du Pays, par les nouveaux Edits, dont le ſyſtême renverſe l'ordre entier des Juriſdictions, & enleve au Pays & Comté de Provence le droit inné, conſtitutionnel & fondamental, d'avoir dans ſon ſein les Tribunaux compoſés de Membres provençaux, vérificateurs & dépoſitaires de toutes les Loix & de tous les actes légiſlatifs, ſans exception, qui doivent avoir le caractere de loi, & être exécutés dans ledit Comté, & qui ne peuvent y être adreſſés que ſous le titre de Comte de Provence, en cette qualité notre feul & unique Souverain, a prié MM. les Procureurs du Pays de repréfenter à MONSIEUR, frere du Roi, Protecteur d'un Pays qui s'honore de fon nom, à tous les Miniftres de Sa Majefté, la douleur profonde & la défolation que cet événement a jetté dans tous les efprits & dans tous les cœurs ; comme encore d'adreffer à Monfeigneur le Maréchal Prince de Beauvau, Gouverneur de ce Pays de Provence, à Monfeigneur le Marquis de Brancas, à Monfeigneur le Comte de Caraman, à Monfeigneur l'Archevêque d'Aix, Préfident né des Etats, & à Monfeigneur de La Tour, une copie de la préfente Délibération, & des repréfentations qui feront faites, avec fupplication de les appuyer de tout leur crédit.

L'Affemblée a de plus délibéré que là, où contre toute attente, la furprife faite à la religion de Sa Majefté, n'auroit pas été réparée avant la convocation des Etats prochains, & la défolation qui afflige tout le Pays fubfifteroit encore, MM. les Procureurs du Pays, & tous les Députés du Tiers, y porteront l'expreffion de leur douleur profonde & de leur confternation, pour que les trois Ordres réunis fe jettent aux pieds du Trône, à l'effet d'implorer avec autant de force que de refpect, la Juftice du meilleur des Rois, pour le rétabliffement & le maintien à jamais de la plus effentielle de nos Loix, puifqu'elle eft la fauvegarde de toutes les autres, & des pactes inviolables de notre union à la Couronne.

L'Affemblée, pénétrée de reconnoiffance pour

le Parlement & la Cour des Comptes, qui dans
toutes les occasions, & principalement dans
celle-ci, n'ont cessé de veiller au maintien &
à la conservation des droits & privileges du
Pays, a chargé MM. les Procureurs des Gens
des Trois Etats, de les remercier, au nom de
l'Assemblée, en la personne de M. le Premier
Président, de M. le Doyen & de M. le Procureur Général.

M. Pascalis, Assesseur d'Aix, Procureur du
Pays, a dit : qu'il n'y a plus aucune proposition
à faire à l'Assemblée, & a requis la lecture du
procès-verbal.

Remercîmens à Mr. Pascalis, Assesseur d'Aix Procureur du Pays.

M. Mougins de Roquefort, Maire premier
Consul & Député de la Communauté de Grasse,
a dit : qu'il a été chargé par MM. les Députés
qui composent la présente Assemblée, de prier
M. Pascalis, Assesseur d'Aix, Procureur du
Pays, de vouloir bien agréer les expressions
de leurs sentimens sur le zele infatigable qu'il
a employé, dans l'exposition des objets qui in-
téressent les droits des Communautés, de la
décence & de l'impartialité avec laquelle il a
discuté ceux qui peuvent être en opposition
avec les deux premiers Ordres, à raison de
quoi elle rend avec justice l'hommage public
& authentique qu'elle doit à ses lumieres, à
ses connoissances, & à son cœur patriotique ;
& si elle pouvoit se flatter d'avoir le même
crédit que la Noblesse, elle lui donneroit des
témoignages encore plus éclatans de sa reconnoissance.

L'Assemblée a prié par acclamations M. Pascalis, Assesseur d'Aix, Procureur du Pays, de lui continuer le secours de ses soins & de ses lumieres, en se chargeant de la rédaction des Mémoires qu'elle doit adresser à Sa Majesté, à l'appui de ses Délibérations.

Priere à Mr. Pascalis de continuer à s'occuper de la défense du tiers.

M. Pascalis, Assesseur d'Aix, Procureur du Pays, a remercié l'Assemblée des sentimens qu'elle a bien voulu lui témoigner, & l'a priée d'observer que sa santé, & plus encore sa qualité de Procureur des Gens des Trois Etats, ne lui permettoient pas de suivre les mouvemens de son cœur, en continuant de se charger de la défense spéciale des intérêts de l'Ordre du Tiers.

Réponse de Mr. Pascalis, & remercîment.

L'Assemblée ne pouvant engager M. Pascalis à se charger de ce travail, est persuadée qu'elle trouvera dans les sentimens & les lumieres de M. Barlet, Avocat en la Cour, ancien Assesseur d'Aix, Procureur du Pays, les secours qui lui sont nécessaires. Elle espere que ce Jurisconsulte célebre, connu par son attachement aux vrais principes, & par la sagesse & la fermeté avec laquelle il sait les faire valoir, voudra bien se charger de sa défense ; & elle a délibéré, par acclamation, qu'il en sera prié au nom de l'Ordre du Tiers.

Priere à Mr. Barlet, ancien Assesseur d'Aix Procureur du Pays, de se charger de la défense du Tiers.

L'Assemblée a ensuite remercié M. le Marquis de la Palu, premier Consul d'Aix, Procureur du Pays, des soins qu'il a pris pour l'intérêt du Tiers, & de la maniere honorable & distinguée avec laquelle il s'est montré à la tête de cet Ordre, pendant tout le cours de son

Remercîmens à Mr. le Marquis de la Palu, premier Consul d'Aix, Procureur du Pays.

Adminiſtration. Elle l'a prié d'agréer l'hommage de ſa gratitude.

Après quoi Me. Ricard, Greffier des Etats, a fait lecture du procès-verbal des ſéances de l'Aſſemblée.

Fait & publié à Lambeſc le neuvieme Mai mil ſept cent quatre-vingt-huit.

DEMANDOLX LA PALU, Maire premier Conſul d'Aix, Procureur du Pays.

PASCALIS, Aſſeſſeur d'Aix, Procureur du Pays.

St. FERREOL, Conſul d'Aix, Procureur du Pays.

BARREME, Maire premier Conſul & Député de la Communauté de Taraſcon.

NEVIERE, Maire premier Conſul & Député de la Communauté de Forcalquier.

REGUIS, Maire premier Conſul & Député de la Communauté de Siſteron.

MOUGINS ROQUEFORT, Maire premier Conſul & Député de la Communauté de Graſſe.

PAYAN, Maire premier Conſul de la Communauté de St. Chamas, Député de la Viguerie d'Aix.

PELISSIER, Député de la Viguerie de Taraſcon.

PAILLIER, Député de la Viguerie de Forcalquier.

BUCELLE, Député de la Viguerie de Siſteron.

De REGINA, Greffier des Etats de Provence.

RICARD, Greffier des Etats de Provence.

TABLE

A

B

C

O

P

R

S

V